두승산 유선사

두승산 유선사

| 김기덕 | 박경하 | 송화섭 | 조명일 | 조용헌 |

■ 발간사

　왕권·왕조 중심의 중앙사·지배계층사 중심의 역사관이 지역사, 지방사를 피폐하게 만들었다. 도도하게 흐르는 강물도 지류없이 본류가 이루어질 수 없다. 역사도 마찬가지이다. 지방사, 지역사없는 한국사는 온전한 역사일수 가 없다. 중앙에 한국사학과가 있다면, 지방에는 지역사학과가 있어야 한다. 지역사가 없는 한국사는 허약한 체질의 역사를 가질수 밖에 없다. 인체의 혈관도 동맥과 정맥이 하나이듯이, 역사도 한국사와 지역사가 공존해야하는데, 한국사만 있을 뿐 지역사는 안중에도 없다.
　지방자치시대는 지역자치가 본질이다. 그런데 지방자치단체는 지역사, 지역문화사의 조사, 연구, 정리에 관심이 없다. 뿌리없는 지역자치가 이뤄질 수 있겠는가? 뿌리없는 지방자치단체는 독립성없이 중앙정부에 휘둘리고 종속될 수밖에 없는 현실이다. 지방분권을 외치기 앞서서 지방자치정부는 지역자치의 굳건한 뿌리를 내리고 있는지 되돌아 보아야 한다. 이제 역사관이 바뀌어야 한다. 강력한 지방자치정부의 체력 강화는 역사적 뿌리찾기에서 시작되어야 한다. 튼튼한 체력은 정신력에서 나온다. 이제 지방자치단체들은 지역사를 바로쓰고, 지역문화를 보물처럼 가꾸고 이를 토대로 지역정신과 지역문화를 꽃피우는 시대가 도래해야 진정한 지방자치시대라 할 수 있다.
　고부는 오랜 역사를 갖고 있고, 역사적 가치가 중요한 지역임에도 불구하고, 그 지역사의 가치를 제대로 평가받지 못하였다. 백제시대 고사부리군이 통일신라 경덕왕대에 고부군으로 바뀌었다. 고부군은 흥덕, 부안, 정읍을 속현으로 삼을 정도로 큰 고을이었다. 큰 고을은 정치, 행정, 경제, 군사적으로 그만큼 중요한 위치와 기능을 하였음을 말해준다. 한국고대사학자들은 백제의 중방성이 고부라는 공통된 인식을 갖고 있다. 백제시대부터 고부는 그만큼 중요한 지역임을 알 수 있었다. 정읍의 역사와 문화는 고부에서 시작되었다고 해도 과언이 아니다. 고부지역에 분포하는 유물, 유적과 문화유산을 읽어보면 그 답이 나온다. 그러나 잘못된 역사관은 지역사를 방치시켰고, 신경써서 살펴볼게 아니라는 안이한 인식이 고부를 폐허 상태로 만들었다. 고부는 역사문화특구로 지정할 정도로 역사적 가치가 있는 곳이다.

역사는 지워지지 않는다. 역사는 기록으로 말한다. 기록이 없으면 유물, 유적으로 말한다. 고부지역에는 문헌적 자료가 부족하지만 과거의 역사를 이야기해줄 고고학적 자료는 무궁무진하다. 그런데 고고자료는 매장자료이기에 발굴해야 그 역사를 읽어볼 수 있기에 쉽게 눈에 띄지 않는다. 최근 고부지역에는 마한백제시대의 역사를 복원할 수 있는 발굴 성과들이 속속 드러나고 있으며, 문헌사료로 신증동국여지승람, 문헌비고, 古阜郡邑誌, 瀛州誌 등이 있다. 이 책은 고부와 두승산에 관심을 가진 분들에게 조금이나마 흥미를 줄 수 있는 지역연구지이거니와, 고부의 중심에 두승산이 있고 두승산에 유선사가 있고 유선사에 성수스님이 있다는 사찰이야기 책이기도 하다.

 사실은 이 책은 고부 두승산 유선사의 주지인 성수(性樹)스님이 유선사 이야기를 엮어달라는 요청에서 시작되었다. 그러나 유선사를 들여다보니 두승산이 보이고 두승산을 들여다보니 고부군이 눈에 들어온 것이다. 그래서 유선사에서 고부군으로 범위가 넓어졌다. 그리고 유선사 관련이야기도 고고학적 발굴성과와 문헌 자료 외에 쓰여지지 않는 역사, 설화, 풍수, 감응에 관한 다양한 유형의 이야기까지 담아서 두승산 유선사라는 책으로 엮었다. 핵심적인 내용은 고부군에서 두승산으로 들어가고 다시 유선사에 오르는 이야기를 엮었다. 사실은 유선사 사지를 펴낼 목적이었는데 자료 부족으로 고부지역사, 두승산, 유선사, 성수 스님의 구술자료, 사진자료까지 망라하는 책으로 엮어졌다. 그래서 부득이하게 『두승산 유선사』와 『遊仙寺誌』라는 두 책으로 나누어 출판하게 되었다. 지역사가 일천한 현실에서 지역문화창달에 기여할 수 있도록 논고를 하나로 묶었고, 유선사 성수스님의 구술 자료와 유선사 내력의 사진들을 화보로 뒤에 붙여 사지로 출판하게 되었음을 밝힌다. 성수스님은 『유선사지』 발간을 애타게 기다렸지만 유선사의 사료와 자료가 열악한 상황에서 사지(寺誌)를 엮기가 쉽지 않았다. 그러나 집필자들이 마음을 모아 글을 작성하였고 현장답사를 실시한 노력 끝에 유선사지가 책으로 출간된다는 사실에 감개무량할 따름이다.

그동안 유선사지를 펴내기 위하여 집필자들은 수차례 두승산 유선사를 오르내렸고, 성수스님을 수차례 만나 구술 자료를 채록하므로서 이 책이 나올 수 있었다. 이 책에는 오랜 세월 동안 성수스님의 상좌였던 선우(禪宇)스님(태인 서봉사 주지)의 헌신적인 공양이 깃들어 있다. 집필 공양해준 건국대 김기덕 교수, 중앙대학교 박경하 교수, 전주대학교 송화섭 교수, 군산대 조명일 선생, 칼럼리스트 조용헌 박사에게 진심으로 감사드린다. 그리고 구술자료를 채록하는데 중앙대학교 대학원생 이금희와 건국대학교 대학원생 최승용의 숨은 노력이 있었다. 자유기고가인 유대성의 유선사 시 한편을 보내주셔서 실었다. 이 책을 펴내는데 신아출판사 서정환 사장님이 출판을 허락해 주셨고, 이종호 상무님의 배려와 도움이 컸으며, 허수정 작가의 교정과 이정현 선생님의 편집 도움을 받아서 이 책이 세상에 나왔다.

2016. 4. 25.
유선사지 발간추진위원장 송화섭 드림

■ 차례

호남의 중심, 고부 | 조명일　　　　　　　　　　　11
　Ⅰ. 동진강유역 백제의 진출과정　　　　　　　　11
　Ⅱ. 백제의 중방, 고사부리성　　　　　　　　　　18
　Ⅲ. 정읍 고사부리성 초기청자와 후백제　　　　31
　Ⅳ. 고려시대의 읍치, 두승산　　　　　　　　　　35

고부의 연혁과 두승산의 역사 | 박경하　　　　43
　Ⅰ. 고부의 연혁과 사찰　　　　　　　　　　　　43
　Ⅱ. 두승산의 역사와 구비전승　　　　　　　　　54

두승산 유선사의 신선사상 | 송화섭　　　　　　75
　Ⅰ. 백제 중방성(中方城)의 치소는 고부 영원(瀛原)　75
　Ⅱ. 백제의 삼신사상과 용봉금동대향로　　　　84
　Ⅲ. 백제의 신선사상과 고부의 중방성　　　　　95
　Ⅳ. 백제는 왜 고부 중방성을 두었는가　　　　98
　Ⅴ. 백제 미륵신앙과 고부 중방성　　　　　　　106
　Ⅵ. 백제 미륵신앙과 고부농민봉기　　　　　　111
　Ⅶ. 고사부리성과 후백제 영주성　　　　　　　118
　Ⅷ. 고부 두승산과 백제의 신선사상　　　　　　131
　Ⅸ. 정읍의 중심, 두승산 유선사　　　　　　　　155

두승산 유선사의 기도발 | 조용헌　　　　　　　　　　165
　Ⅰ. 기도발의 조건　　　　　　　　　　　　　　165
　Ⅱ. 성수 스님　　　　　　　　　　　　　　　　167
　Ⅲ. 기도발(祈禱發)과 꿈　　　　　　　　　　　170
　Ⅳ. 두승산의 영기(靈氣)　　　　　　　　　　　174
　Ⅴ. 수두목승(水斗木升)　　　　　　　　　　　176
　Ⅵ. 미륵신앙과 혁명　　　　　　　　　　　　　181

두승산 유선사의 풍수 | 김기덕　　　　　　　　　　185
　Ⅰ. 불교 山寺 입지와 풍수　　　　　　　　　　185
　Ⅱ. 정읍과 두승산의 산세　　　　　　　　　　　199
　Ⅲ. 두승산 유선사의 풍수　　　　　　　　　　　213
　Ⅳ. 인간의 의지와 풍수와의 상관관계　　　　　233
　Ⅴ. 미소와 풍수　　　　　　　　　　　　　　　239

내가 딛고 선 것이 무엇인가, 유선사 | 유대성　　245

호남의 중심, 고부

조명일

Ⅰ. 동진강유역 백제의 진출과정

　한강유역에 기반을 두고 강력한 고대국가로 성장한 백제가 언제 동진강유역으로 진출했는지에 대해서는 직접적인 문헌기록이 없기 때문에 정확하게 밝혀내기가 어렵다. 다만 백제가 삼국시대 이전 충청·전라지역을 아우르고 있던 마한세력을 정벌하는 과정을 통해 그 시기를 짐작해 볼 수 있다. 비록 우리나라에서 쓰여진 기록이 아니지만 우리 고대역사를 복원하는데 매우 중요한 자료로 평가되고 있는 『三國志』,「東夷傳」에는 마한의 54개국이 열거되어 있는데, 그 중 辟卑離國·狗素國·支半國·楚山塗卑離國 등이 대체로 정읍 고부를 중심으로 한 동진강 유역에 존재했던 것으로 알려져 있다. 전혀 이견이 없는 것은 아니지만 벽비리국은 전북 김제 일대로 보고 있으며, 구소국은 전북 정읍시 고부면 일대로 비정된다. 또한 지반국은 전북 부안 일대,

초산도비리국은 전북 정읍 일대로 보고 있다. 이처럼 동진강유역에는 최소 4국 이상의 마한 소국이 있었던 것으로 확인되는데, 이는 문헌기록을 통한 음상사적 측면 뿐 아니라 고고학적 자료로도 증명되고 있다.

그간 동진강유역은 다른 지역에 비해 고고학적 발굴조사가 그다지 활발히 진행되지 못하였다. 그로 인해 이 일대의 선사~고대 문화양상을 이해하는데 많은 어려움이 따른 것도 사실이다. 다만 최근 동진강유역의 큰 지류인 고부천과 정읍천 일대에서 빈도수가 많지는 않지만 마한과 관련된 취락과 분묘유적이 꾸준히 확인됨에 따라 베일에 가려져 있던 동진강유역 고대문화의 양상이 점차 드러나고 있다.

정읍천 일대에서 확인된 마한 관련 유적으로는 정읍 신면유적(호남문화재연구원 2011)이 대표적이다.

신면유적은 호남정맥의 오봉산(247m)에서 서북쪽으로 뻗어 내린 산줄기의 말단부에 자리하고 있는데, 취락유적과 분묘유적이 일정한 거리를 두고 분포되어 있다.

취락관련 유적으로는 집자리 33기와 소성유구 6기 등이 조사되었으며, 취락유적의 남쪽에 위치한 분묘유적에서는 마한의 지배층 묘제로 알려진 분구묘 8기와 토광묘 8기, 옹관묘 8기 등이 확인되었다.

집자리는 평면형태가 대체로 방형이며, 내부에 부뚜막 시설과 저장공 등이 마련된 형태이다. 일반적인 마한 집자리에서 확인되고 있는 4주식의 기둥구멍 배치 양상은 확인되지 않았지만, 출토된 유물의 양상이 전북 서해안 지역에서 확인된 마한 집자리와 크게 다르지 않다. 집자리의 형태 및 구조와 출토된 유물을 토대로 볼 때, 4세기를 전후한 시기에 조성된 것으로 보고 있다.

분묘 유적의 대표적인 분구묘는 평면 형태가 한 쪽 단벽이 개방된

사다리꼴로 확인되었다. 중심 매장주체부는 목관묘이며, 무덤의 가장 자리와 주구 내에 옹관이 마련된 양상이다. 무덤의 구조와 출토유물 등을 고려해 볼 때, 무덤의 취락 유적과 비슷한 시기에 조성된 것으로 보인다.

 정읍천과 함께 동진강의 대표적인 지류인 고부천유역에서는 현재까지 마한 관련 대규모 취락유적은 발견되지 않았다. 그러나 이 일대는 고부천을 중심으로 그 주변에 드넓은 충적 대지와 저평한 구릉 지대가 조화롭게 형성되어 있어 고대인들이 생활하기에 적합한 환경을 갖추고 있다. 또한 산발적이기는 하지만 정읍 신천리에서 4세기 대 조성된 것으로 추정되는 주거지 4기와 주구묘 2기 등이 확인된 바 있고(전북문화재연구원, 2010), 정읍 고부면 관청리에서 네 모서리에 기둥구멍을 갖춘 전형적인 마한 주거지 4기가 조사되었기 때문에 향후 꾸준한 조사가 이루어진다면 마한의 대규모 취락유적이 조사될 가능성이 매우 높다.

 빈약한 취락유적에 비해 분묘 유적은 고부면·영원면 일대에 다수가 존재하는 것으로 보고되었다. 대표적으로 영원면에 있는 운학리·지사리 분구묘를 들 수 있으며, 장무리·남복리·신천리·창동리·고부리·두지리 등에도 분구묘의 존재가 확인된다.

 운학리 분구묘는 정읍시 영원면 소재지의 동쪽에 있는 천태산에서 서쪽으로 뻗어 내린 지류상에 3기가 나란히 분포되어 있다. 분구의 평면 형태는 원형이며, 중심 매장시설은 돌을 쌓아 만든 석실무덤으로 밝혀졌다. 발굴조사 결과, 이 무덤군은 대체로 4세기 말에서 5세기 중반 경에 조성된 것으로 파악되었다.

 이외의 무덤들은 아쉽게도 발굴조사가 실시되지 않아 정확한 축조 시기 및 구조 등은 알 수가 없다. 다만 잔존하는 무덤의 형태가 운학리 분구묘와 유사하기 때문에, 비슷한 시기에 조성되었을 가능성이 높다.
 고부면·영원면을 중심으로 한 고부천 유역은 전북지역에서 마한의 지배층 무덤인 분구묘의 밀집도가 매우 높은 곳 중의 하나이다. 이는 백제의 진출이 본격화되기 이전에 이미 강력한 토착집단이 존재했음을 보여주는 것이라 할 수 있다.
 한편 고부천 유역에서 마한과 관련하여 빼놓을 수 없는 유적이 백산성(사적 제409호)이다. 백산성은 부안군 백산면 용계리 백산(47.7m)에 있는데, 동학농민운동의 시작을 알리는 백산봉기의 주 무대로 잘 알려진 곳이다. 본래 학계에는 백제시대 토성으로 보고되어 있었으나, 2008년~2009년까지 3차례에 걸친 발굴조사 결과, 마한의 대규모 취락 유적으로 밝혀졌다. 산 정상부를 중심으로 17기의 마한 집자리가 확인되었으며, 산 사면을 따라 3중의 환호가 둘러진 것으로 파악되었다. 유적의 조성 시기는 집자리에서 검출된 탄화곡물 및 목제 등의 방사

[사진 1] 백산성 전경(전북문화재 연구원, 『부안 백산성Ⅱ』)

성탄소연대 측정결과, 2세기~4세기 중반으로 편년되었다.

이처럼 고부천·정읍천을 중심으로 한 동진강 유역에는 마한과 관련된 취락과 분묘유적이 다수 존재하고 있으며, 이 유적들은 대체로 3~5세기에 걸쳐 조성된 것으로 밝혀졌다. 따라서『三國志』,「東夷傳」에 등장하는 辟卑離國·狗素國·支半國·楚山塗卑離國 등의 마한 소국들을 비정하는데 고고학적으로도 큰 무리가 없다.

그렇다면 이 소국들이 언제 백제로 편입되는 것일까? 이와 관련하여 다음의 기록이 주목된다.

> 49년 봄 3월 荒田別과 鹿我別을 장군으로 久氐 등과 함께 군대를 거느리고 건너가 卓淳國에 이르러 신라를 치려고 하였다. 이때 어떤 사람이 "군대가 적어서 신라를 깨뜨릴 수 없으니, 다시 沙白과 蓋盧에게 표문을 올려 군사를 늘려 달라고 요청 하십시오"라 하였다. 곧 木羅斤資와 沙沙奴跪 [이들 두 사람의 성을 알 수 없다. 다만 목라근자는 백제의 장군이다.] 에게 명하여 정예 병사를 이끌고 沙白·蓋盧와 함께 돌려 보냈다. 모두 탁순에 모여 신라를 쳐서 깨뜨렸다. 이어 比自㶱·南加羅·喙國·安羅·多羅·卓淳·加羅 등 7국을 평정하였다. 이에 군사를 옮겨 서쪽으로 돌아 古奚津에 이르러 南蠻忱彌多禮를 屠戮하여 백제에서 주었다. 이에 그 왕인 肖古와 왕자인 貴須가 또한 군사를 이끌고 와서 모였다. 이때 比利辟中布彌支半古四邑이 자연스럽게 항복하였다. 이리하여 백제왕 부자와 荒田別·木羅斤資 등이 함께 意流村에서 만나 서로 보고 기뻐하며, 답례를 후하게 하여 보냈다. 오직 千熊長彦만 백제왕과 백제국에 이르러 辟支山에 올라 맹서하고, 다시 古沙山에 올라 반석 위에 함께 앉았다. 이때 백제왕이 맹서하기를 "만약 풀을 깔고 앉으면 불에 탈 염려가 있습니다. 또 나무를 깔고 앉으면 홍수에 쓸려갈 염려가 있습니다. 그러므로 반석에 앉아 맹서하는 것은 영원히 썩지 않을 것임을 나타내는 것입니다. 이리하여 지금부터는

영원토록 끊임없이 서쪽의 번국임을 칭하며 봄,가을로 조공할 것입니다." 라고 하였다. 이어 千能長彦을 데리고 도읍 아래에 이르러 예우를 두텁게 하였으며, 또한 久氏 등을 딸려 보냈다.(『日本書紀』9 神攻皇后 49年條)

위의 기사는 일본 최고의 역사서인 『日本書紀』 신공기의 내용이다. 이 기록은 일본 신공황후의 한반도 정벌과정을 기록한 것으로 일인 학자들에 의해 임나일본부설의 적극적인 근거로 제시되고 있기도 하지만 기사 자체에 당시 시대상과는 맞지 않은 많은 문제점들이 내포되어 있다. 이에 우리나라 역사학자들은 이를 그대로 받아들이기 보다는 기사의 주체를 백제로 보고 백제 근초고왕대의 마한지역 정벌과정을 기록한 것으로 널리 이해하고 있다.

동진강 유역의 백제 진출과정과 관련하여 위의 기사에서 주목되는 것이 바로 比利辟中布彌支半古四邑, 辟支山, 古沙山 등의 지명과 위치 비정이다. 比利辟中布彌支半古四邑에 대해서는 比利 · 辟中 · 布彌 · 支半 · 古四 등의 5읍으로 보는 견해와 比利 · 辟中 · 布彌支 · 半古 4읍으로 보는 견해가 엇갈리고 있다. 그러나 『三國志』 東夷傳에 열거된 마한 소국 중 支半國이 기록 되어 있는 것으로 보아 5읍으로 보는 것이 타당할 듯 싶다.

5읍에 위치에 대해서는 대체로 전북지역에 비정되고 있는데, 학자들마다 이견은 있으나 比利는 전주 · 완주일원, 辟中은 김제시 일원, 布彌는 정읍시 정우면 일원, 支半은 부안군 계화면 일원, 古四는 정읍 고부면 일원으로 보고 있다. 이와 함께 위의 기록에 등장하는 辟支山과 古沙山은 각각 김제시와 정읍 고부면 일대로 비정하는 것에 대해서는 대부분의 연구자들이 동의하고 있다. 이 지역들 중 동진강 유역에 직접적으로 포함되는 곳은 布彌 · 支半 · 古四 3개의 읍과 古沙山이다.

布彌로 비정되고 있는 정읍시 정우면 일원은 동진강 본류와 정읍천이 합류하는 곳으로 넓은 충적대지와 나지막한 구릉 지대가 잘 발달되어 있다. 아직까지 고고학적 조사가 전무하다시피 하여 백제와 관련된 유적과 유물이 발견되지는 않았지만 지정학적 위치를 고려해 볼 때 다수의 유적이 존재하고 있을 가능성이 높다.

支半은 부안군 계화면 일대, 더 나아가 동진강 하구 일대로 비정되고 있는데 이 지역 역시 정식 발굴조사를 통해 알려진 유적은 거의 없지만 지표조사를 통해 반곡리 토성·수문산성·용정리토성·용화동토성·구지리토성 등 5개소의 소규모 토성이 밀집되어 있는 것으로 알려져 있다. 이 토성들에 대한 정밀조사가 이루어지지 않아 구체적인 속성을 파악하기는 힘들지만 산성 내부에서 백제토기편이 다수 확인되고 있어 주목된다.

古阜와 古沙山으로 비정되고 있는 정읍시 고부면 일원은 앞서 언급한 운학리·지사리 분구묘와 더불어 영원면 은선리를 중심으로 다수

[사진 2] 정읍 지사리 고분군 전경

의 백제 무덤이 자리하고 있는 것으로 확인되고 있다. 또한 백제시대 중방성으로 비정되고 있는 고사부리성을 비롯한 은선리 토성·금사동산성·우덕리산성·대산리토성 등의 고대 산성이 밀집 분포되어 있다.

이처럼『일본서기』신공기 기사에 등장하는 지명 중 동진강유역으로 비정되는 곳에는 다수 백제 관련 유적이 존재하고 있다. 그러나 문헌기록상 백제 근초고왕대의 마한 정벌기사를 증명할 수 있는 4세기 후반경의 백제 유적은 확인되지 않고 있으며, 백제가 웅진으로 천도한 5세기 후반경의 유적이 대다수를 이룬다. 그렇다고 해서 4세기 말 백제의 마한지역 진출을 부정할 수는 없을 것이며, 그보다는 오히려 백제의 지방통치의 변화과정과 관련하여 이해하는 것이 좋을 듯하다. 즉 백제 한성 시기에는 이미 잘 알려진 바와 같이 금동관모과 같은 위세품 사여를 통한 간접지배 방식을 취했기 때문에 기존의 마한 전통 문화는 일정기간 지속될 수 있었으며, 운학리·지사리로 대표되는 동진강유역의 분구묘가 5세기 중반까지 조성되고 있는 것도 이러한 맥락에서 해석이 가능하다.

II. 백제의 중방, 고사부리성

백제의 지방통치제도는 담로제로 대표하는 간접지배 방식을 취하였다가 웅진천도 직후의 정치적 혼란기를 지나 안정기에 접어드는 동성왕(479~501)·무령왕(501~523)대에 비로소 직접지배방식으로 전환된 것으로 추정된다. 왜냐하면 이 시기부터 백제의 중앙묘제라 할 수 있는 횡혈식 석실분이 금강 이남지역에 본격적으로 확산되기 때문이다.

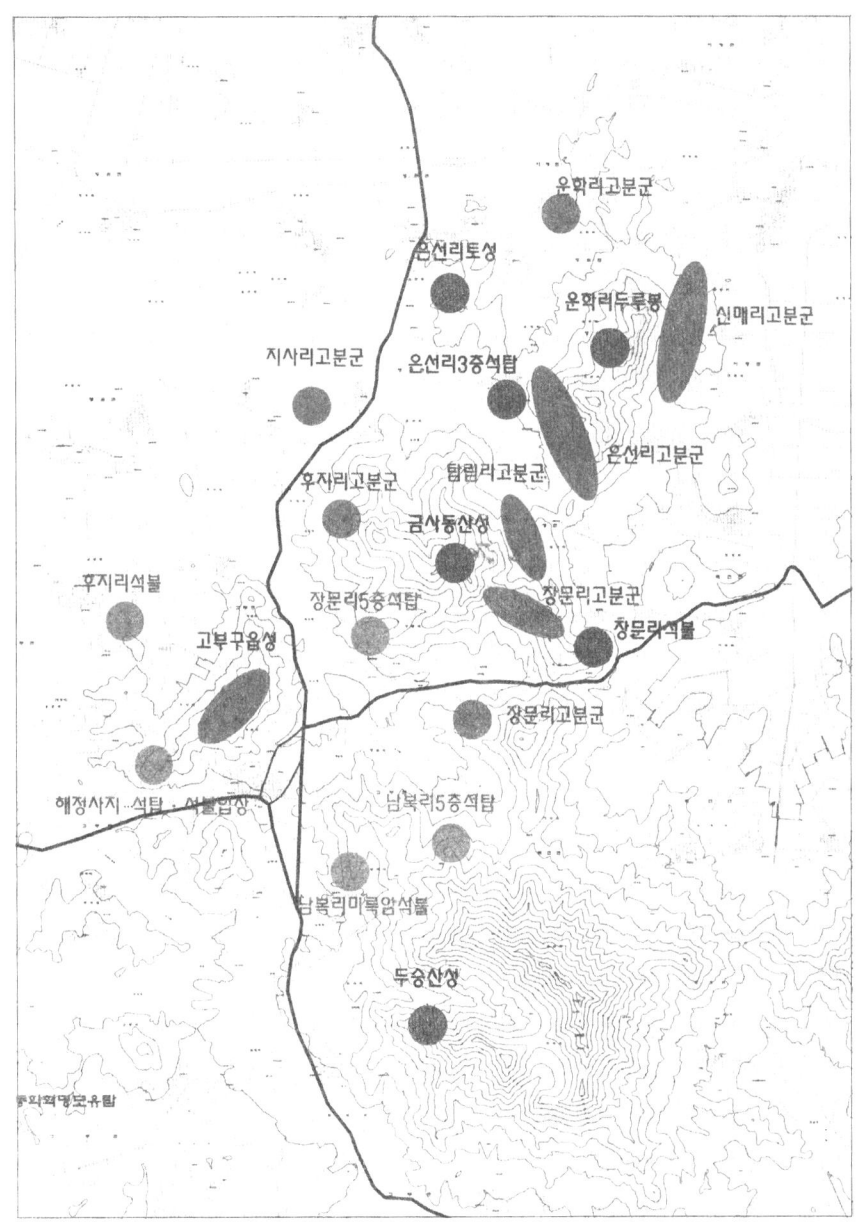

[그림 1] 고부지역 주요 유적 분포도(전북문화재 연구원, 『정읍 고부구읍성 I』)

동진강유역 역시 5세기 중반까지 조성되었던 마한의 지배층 무덤인 분구묘가 사라지고 정읍 고부면 은선리의 백제 웅진기 횡혈식 석실분을 시작으로 후지리·통석리·신정동 일대에 웅진~사비시기에 걸친 횡혈식 석실분이 본격적으로 축조된다.

　정읍 고부지역은 다른 지역에 비해 고고학적 발굴조사가 매우 미진했음에도 불구하고 현재 육안 상 관찰되는 횡혈식 석실분의 수량이 120여기에 달한다. 수량뿐만 아니라 고분의 밀집도면에서도 백제의 또 다른 수도라 할 수 있는 익산지역과 비교해도 손색이 없을 정도이다.

　고부 지역에 있는 대표적인 유적이 바로 은선리 고분군(전라북도 기념물 제57호)이다.

　이 고분군은 정읍시 영원면의 동쪽에 우뚝 솟아 있는 천태산(196m)의 서쪽 기슭에 있는데, 1973년 전라북도박물관에 의해 파괴된 10기의 석실분에 대한 발굴조사가 진행되었다. 발굴조사를 통해 확인된 바에 의하면, 자연석을 사

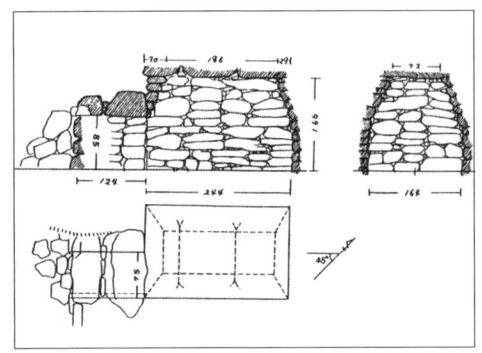

[그림 2] 은선리 고분군 E호분
(전라북도, 『전북지역 백제문화유산』)

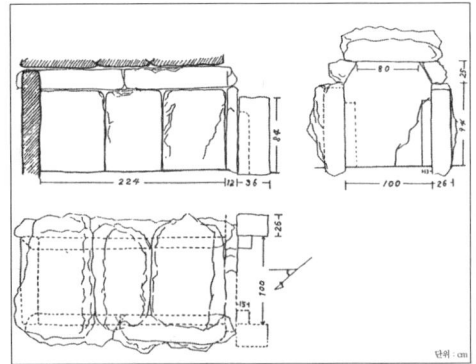

[그림 3] 은선리 고분군 A호분
(전라북도, 『전북지역 백제문화유산』)

용하여 네 벽을 쌓고 천정을 터널식으로 만든 무덤을 비롯하여 정연하게 다듬은 석재로 벽과 천정을 축조한 이른바 '능산리형 석실분'이 확인되었다. '능산리형 석실분'은 백제 사비기 지배층의 무덤으로 알려진 부여 능산리 고분군의 무덤과 축조기법 및 재료 등이 유사한 무덤을 일컫는다. 비록 무덤 내부에서는 도굴로 인해 유물이 거의 출토되지 않았지만, 백제 중앙의 정형화된 무덤이 발견되었다는 것은 은선리 고분군에 묻힌 피장자의 신분이 매우 높았음을 의미하는 것이다.

[사진 3] 정읍 갈선유적 출토 그릇받침
(전주문화유산연구원, 『발굴 그리고 기록』)

최근 은선리 고분군에서 멀지 않은 곳에 위치한 갈선 마을에서 주목할 만 한 유물이 발견되었다. 그것은 다름 아닌 고사리모양의 장식이 부착된 그릇받침이다. 유물이 발견된 갈선 유적은 영원면 소재지에서 서쪽으로 600m 가량 떨어진 나지막한 구릉지에 자리하고 있는데, 정읍-신태인 간 도로공사의 일환으로 진행된 발굴조사를 통해 확인되었다. 발굴조사가 실시된 구역이 그다지 넓지는 않지만, 청동기시대~삼국시대 이르는 다양한 유적이 조사되었다.(전주문화유산연구원, 2014) 확인된 유적 중 주목되는 것이 삼국시대 독무덤으로 2점의 그릇받침이 서로 맞닿게 가로로 눕힌 형태이다. 이러한 형태의 독무덤은 아직까지 조사된 예가 거의 없는 매우 특징적인 것이다. 독무덤으로 사용된 그릇받침은 외면에 고사리모양의 장식대가 부착되어 있으며, 삼각형과 하트모양의 구멍이 뚫려 있다. 이와 유사한 그릇받침은 지금까지 백제 무령왕릉이 있는 공주 송산리 고분군과 부여 신리유적 등 모두 백제 수도에서 발견된 것으로 알려져 있다.

이렇듯 정읍 고부일원에 백제의 중앙과 관련된 다수의 유적과 유물이 존재한다는 것은 백제가 공주로 수도를 옮긴 이후, 이 지역이 호남의 중심지로 부각되었음을 방증해 주는 것이며, 이는 백제 지방통치의 핵심인 중방성의 설치로 이어진다.

백제는 538년에 수도를 웅진에서 사비로 옮긴 이 후 지방에 대한 체계적인 통치를 위해 5方 체제를 실시한다.

5方 체제는 수도인 사비(부여)를 제외한 백제의 지방을 크게 동·서·남·북·중방의 다섯 개의 행정구역으로 나눈 제도이다. 이러한 5方 체제는 그간 백제의 지방통치제도를 연구하는데 있어 핵심적인

[사진 4] 고사부리성 전경(전북문화재 연구원, 『정읍 고사부리성 종합보고서』 인용)

주제로 부각되어 5方의 위치비정에 대한 다양한 의견이 제시되었다.

이를 간략하게 정리해 보면, 먼저 동방은 이견이 전혀 없는 것은 아니지만 대체로 충남 논산일대로 비정되고 있으며, 서방의 경우 충남 예산설, 충남 서산설 등이 주목받고 있다. 또한 남방의 경우는 전북 남원·전남 광주·전남 나주 일원으로 비정되고 있으나 전북 남원설

[사진 5] 고사부리성 북동 성벽
(전북문화재 연구원, 「정읍 고사부리성 종합보고서」)

이 유력하게 받아들여지고 있다. 5方 중 그 위치에 대해 모든 연구자들의 의견이 일치되고 있는 곳이 바로 북방(충남 공주)과 중방(전북 고부)이다.

중방의 방성에 대해서는 2000년대 초반까지만 하더라도 정읍시 영원면에 있는 금사동 산성이 주목되어 왔다. 그러나 고려~조선시대 읍성터로 전해지던 고부구읍성에 대한 5차례(2004~2011년)의 발굴조사를 통해, 고부 구읍성이 백제 중방의 치소성일 가능성이 높을 것으로 파악되었으며, 그 중요성이 인정되어 2008년에 국가사적 제494호 '정읍 고사부리성'으로 정식 등록되었다.

고사부리성은 정읍시 고부면 소재지의 중앙에 우뚝 솟아 있는 성황산(132m)의 두 봉우리를 감싸고 있는 포곡식 산성으로 발굴조사 결과,

백제에 의해 처음 축조된 이후 조선시대 영조 41년(1765년) 읍치가 현 고부초등학교 부근으로 옮겨지기까지 사용된 것으로 밝혀졌다. 산성의 둘레는 1,055m 내외이며, 본래 석성으로 축조된 이후 최소 2~3차례의 개·보수를 거쳐 최후에는 토성으로 개축되었다.

 고사부리성의 성벽 축조기법은 기본적으로 산 경사면을 'ㄴ'자형으로 깎아 낸 후, 경사면에 의탁하여 성벽을 쌓아 올린 내탁 공법이 사용되었으며, 일부 구간은 내벽과 외벽을 함께 쌓는 협축 공법이 병용되었다. 또한 북문지 주변 성벽의 경우에는 견고함을 높이기 위해 경사면을 깎아내고 흙으로 단단하게 터다짐을 한 후, 이를 되 파내어 성벽을 축조하였다. 성벽은 사각형으로 매우 정교하게 다듬은 석재를 사용하여 줄쌓기 하였는데, 성석 사이의 틈새가 거의 없을 정도로 정연하여 쌓아 올렸다. 또한 자연암반에 성벽이 축조된 구간은 성벽이 밖으로 밀리는 것을 방지하기 위하여 암반에 홈을 파내고 성벽을 쌓은

[사진 6] 고사부리성 북문지(전북문화재 연구원, 『정읍 고사부리성 종합보고서』)

이른바 '그랭이 기법'이 사용되었다.

　이러한 성벽의 축조기법은 부여 나성, 청마산성, 성흥산성과 익산 오금산성 등 백제의 중심지에서 주로 확인되는 것이다.

　고사부리성의 성문은 정문인 남문을 비롯하여 북문과 서문이 확인되었다. 산성의 정문으로 사용되었을 것으로 보이는 남문은 성벽이 절개된 형태의 개거식으로 추정되지만 대부분이 붕괴되어 정확한 구조 및 형태는 파악할 수가 없다. 그러나 북문과 서문은 비교적 그 형태가 잘 남아 있는데, 모두 어긋문 형태를 띠고 있다. 어긋문은 백제와 고구려의 산성에서 주로 확인되는 성문의 한 형식으로 성벽을 서로 엇갈리게 쌓아 통로부가 'S'자 형태를 띠는 것이 특징이다. 이러한 성문은 성 밖에서 볼 때 그 위치가 쉽게 드러나지 않기 때문에 산성의 방어에 매우 유리하며, 적이 쳐들어 왔을 때에는 양쪽 성벽에서 동시에 공격할 수 있는 이점을 가지고 있다. 다만 성문의 형태 상 통로부의

[사진 7] 고사부리성 집수시설(전북문화재 연구원, 『정읍 고사부리성 종합보고서』)

폭이 매우 좁기 때문에 정문 보다는 암문으로 사용되었을 가능성이 크다.

고사부리성의 내부시설로는 2007년 3차 발굴조사를 통해 발견된 집수시설이 대표적이다. 집수시설은 산성의 북쪽 골짜기에서 발견되었는데, 이곳은 성 내에서 지형이 가장 낮아 평소에도 우수가 집중되는 곳이다.

발견된 집수시설은 백제 때 처음 축조된 이후 통일신라시대에 확장·개축이 이뤄진 것으로 파악되었다. 비록 백제시대 초축된 집수시설의 형태 및 구조가 상세히 파악되지는 않았지만, 다행히도 최하단석이 남아있어 개략적인 현황을 알 수 있었다.

집수시설의 평면 형태는 장방형이며, 긴 변의 길이 8.5m, 짧은 변의 길이가 5m로 그동안 호남지역에 조사된 백제시대 집수시설 중에 최대 규모를 자랑한다. 특징적인 것은 지금까지 확인된 백제 집수시설의 형태가 대부분 원형인데 반해 고사부리성 집수시설은 장방형이라는 점이다. 이와 유사한 형태의 집수시설은 백제 웅진시기의 수도였던 공주 공산성의 연지를 제외하고는 찾기가 어렵다.

또한 집수시설의 견고함을 더하고 누수를 방지하고자 바닥면과 벽석의 뒷채움부에 갈대를 엮어 만든 삿자리를 깔았는데, 이러한 공법은 고사부리성을 제외하고는 다른 곳에서는 확인된 예가 없는 매우 특징적인 것이다.

이처럼 고사부리성은 그 규모나 축조기법을 통해 볼 때, 백제 중앙이 직접 관여한 대규모 토목공사로서 당시 최고의 기술력이 동원되었을 것으로 짐작된다. 이는 당시 고부지역의 위상이 백제의 수도와 비교해도 전혀 뒤처지지 않았음을 단적으로 보여주는 것이라 할 수 있다. 고사부리성의 중요성은 출토된 유물을 통해서도 알 수 있다.

먼저 북문지의 성토층에서 출토된 '上卩上巷'명 기와를 살펴보자. 이 기와는 고사부리성 북문지의 성토층에서 2점이 발견되었다. 비록 온전한 형태는 아니지만 각각의 기와에 '上卩'와 '卩上巷' 명의 도장이 찍혀 있었는데, 이들 기와에 찍힌 글씨와 도장의 형태 및 크기가 동일하여 본래 '上卩上巷'명 인 것으로 파악되었다. 여기에 찍혀 있는 '上卩上巷'은 백제의 행정 체제인 五部五巷를 뜻하는 것으로, 고사부리성이 백제의 중방성으로 비정되는데 있어 결정적인 단서를 제공해 주었다.

백제는 수도를 5部(上·中·下·前·後)로 구획하고 각 부를 5巷으로 나누어 통치하였는데, 그간 5部名이 찍힌 기와가 백제의 古都였던 부여와 익산지방을 중심으로 발견되어 5部制의 시행을 증명해주는 중요한 고고학적 자료가 되어 왔다. 다만 5部의 하위 행정체제인 5巷이 찍혀있는 경우

[사진 8] 고사부리성 출토 '上卩上巷'명 기와
(전북문화재 연구원, 『정읍 고사부리성 종합보고서』)

[사진 9] 고사부리성 출토 기마무사 그림기와
(전북문화재 연구원, 『정읍 고사부리성 종합보고서』)

는 부여 궁남지에서 출토된 '西部後巷…'銘 목간을 제외하고는 그 예가 없으며, 기와에는 대부분 'O部O瓦'의 형태의 원형 도장이 찍혀 있는 것만 확인되었다. 이로 인해 五部名 기와는 국가적 차원에서 실시된 공역에 필요한 기와의 공급처를 표시한 것으로 보았다. 그러나 고사부리성에서 출토된 기와는 기존에 발견된 5部名 기와와는 달리 장방형의 도장이 찍혀 있으며, 5巷名까지 확인되는 것으로 보아 단순히 기와의 공급처를 나타낸 것으로만 이해하기에는 부족함이 많다. 이에 대해서는 앞으로 다각적인 측면에서 검토되어야 할 것으로 판단되는데, 고부지역이 백제의 중방성이었다는 점이 명확하다면 백제의 수도와 마찬가지로 五方아래의 하위 행정구획단위로 五部-五巷의 존재 가능성도 고려되어야 할 것이다.

'上部上巷'명 기와 외에 또 하나의 중요한 유물이 바로 백제 기마무사의 모습이 그려진 기와이다. 이 기와는 고사부리성의 집수시설에서 발견되었는데, 기와의 등면에 말을 타고 있는 기마무사의 모습이 생생하게 표현되어 있다. 즉 마갑을 씌운 말에 경갑과 갑옷으로 무장한 중장기병이 타고 있으며, 말의 뒤편에는 깃발이 휘날리는 모습이 그려져 있다. 이러한 형태의 기와는 국내에서 발견된 유일한 예로 고구려, 신라, 가야와는 달리 그동안 베일에 가려져 있던 백제 중장기병의 모습을 살필 수 있는 자료로서 그 역사적 가치가 매우 높게 평가되고 있다.

이상에서 살펴본 바와 같이 백제시대 고부지역은 지방의 최대거점 지역으로서 유적과 유물을 통해 볼 때, 그 위상이 백제의 古都인 부여와 익산지방에 비해 전혀 뒤처지지 않는다. 그런데 엄밀히 말해 고부지역은 백제의 지리적 중심지가 아니다. 그렇다면 백제는 왜 이 지역에 당시 지방 최대거점인 중방성을 설치했을까? 라는 자연스러운 의

문이 생긴다. 이에 대해서는 아직까지 이렇다 할 만한 학설이 있지는 않다. 다만 최근에 고부지역에서 그다지 멀지 않은 곳에 있는 벽골제(국가 사적 111호)에 대한 발굴조사가 진행되면서 흥미로운 의견이 제시되었다. 즉 벽골제와 같은 관개시설을 통해 확보되는 농산물을 확보하여 경제적 부를 축적하고 이러한 경제적 배경을 이용해서 영산강 유역의 마한계 세력에 대한 견제와 통제를 강화하려는 전략적인 목적이 중방성의 설치와 관련되었다는 것이다(최완규 2013). 이는 우리나라 최대의 곡창지대인 호남평야를 아우르고 있던 중방성의 지정학적 위치로 볼 때 매우 주목할 만한 것이다.

여기에 더해 고부지역이 동진강과 줄포만을 통해 서해로 진출할 수 있는 해양 교통의 요충지라는 점 또한 중방성의 설치와 무관하지 않을 것이다. 즉 고부지역의 서쪽에 남북으로 흐르는 고부천은 동진강의 최대 지류로서 예전에는 조수가 드나들 정도로 큰 하천이었다. 현재 고부의 북쪽에 인접해 있는 영원면 앵성리 수성마을은 본래 '水城址'로 알려져 있는데, 이곳은 백제 때 고부천변에 형성되어 있던 큰 포구를 지키던 성터였다. 『동국여지승람』 고부군, 산천조에 '大浦在郡四十里, 訥堤川下流 潮水往來'라고 기록되어 있어 이러한 사실을 뒷받침 해 주고 있다.

大浦를 출발하여 고부천을 따라 올라가면 동진강구에 손쉽게 도달할 수 있는데, 이곳 역시 삼국시대 거점 포구가 밀집되어 있던 곳으로 중방성의 관할구역이었다. 동진강구의 포구들 중 가장 주목되는 것이 바로 '加耶浦'이다. 가야포는 조선 철종 8년(1857)에 제작된 『東輿圖』에 그 위치가 표기되어 있는데, 지금의 부안군 계화면 일원으로 추정되고 있다. 가야포는 그 지명을 통해 볼 때, 삼국시대 역사 속에 등장하는 가야와의 관련성이 높아 보이는데, 1970년대 전북 부안군 계화면과 동진면 일대에 대한 정밀 지표조사에서 밀집파상문이 시문된 전형적인 가야계 토기편이 수습(전영래 1975)되어 그 가능성으로 높여 주었다. 삼국시대 당시 가야는 영남의 서부지역과 호남 동부의 일부지역을 아우르고 있었다. 그런 가야의 거점 포구가 어떻게 전북의 서해안인 동진강구에 있었는지에 대한 문제는 앞으로 풀어내야 할 과제로 남아있다. 다만 삼국시대 영남지역에서 동진강구 또는 삼국시대 최대의 해양제사유적인 죽막동 유적이 있는 줄포만으로 진출하기 위해서는 반드시 백제의 중방성인 고부지역을 통과해야 했다는 것만은 분명하다. 이 교통로는 복원해 보면, 영남지역에서 백두대간 치재-운봉고원-마치-임실 월평리-청웅분지-율치-임실 운정리-호남정맥 가는정이-정읍 태인-정읍 고부로 이어지는 루트로 영남과 전북 서해안을 최단거리로 이어준다(곽장근 2011).

이 루트는 백제부흥운동의 최대 거점인 주류성(부안 우금산성)을 함락하기 위한 신라군의 침공로와도 일치한다. 즉 『삼국사기』에 의하면, 661년 3월 신라군은 대군을 이끌고 진격하여 고사비성 밖에 진을 치고 주류성을 공격하였으나 이기지 못했다고 기록되어 있다. 여기에 등장하는 고사비성은 바로 고사부리성을 말하는 것으로, 주류성으로 비정되고 있는 부안 우금산성과의 사이에는 서로 관망이 용이할 정도로 지형적 장애물이 거의 없다. 또한 신라군은 패퇴하는 도중에 빈골양에서 백제군을 만나 또 한 번 크게 패하는데, 빈골양은 지금의 정읍시 태인면 일원이다. 이를 통해 볼 때, 태인을 거쳐 고부로 진출하는 루트는 삼국시대 이후 활발히 사용된 교통로였음에 틀림없다.

III. 정읍 고사부리성 초기청자와 후백제

고사부리성에서는 '上部上巷'명 기와와 鎧馬武士의 모습이 새겨진 기와 등 백제와 직접적으로 관련된 유물 이외에 주목되는 것이 바로 초기청자라 할 수 있다. 고사부리성 초기청자는 집수정과 남서성벽 등에서 10여점이 출토되었다. 모두가 파편으로 출토되어 정확한 기형이나 속성을 파악하기는 어렵지만 대체로 완의 비율이 높다. 기외면은 거의 사선에 가까운 완만한 곡선을 이루고 있으며, 굽 접지면은 넓이가 1~1.5cm 내외인 해무리굽의 형태를 띤다. 발굴조사 보고서에 의하면 이 청자들은 중국의 오대 월주요에서 제작된 것으로 수입의 주체를 통일신라로 보았다(김규정·김대성외 2013). 그런데 최근 후백제의 도성으로 알려진 전주의 동쪽에 인접한 진안고원에서 초기청자

[사진 10] 진안 도통리 출토 초기청자

요지인 진안 도통리 유적이 조사(군산대학교박물관, 2014)되어 큰 관심을 끌었다.

진안 도통리 유적은 진안군 성수면 도통리·외궁리 일원에 자리하고 있는데, 모두 3개 구역의 초기청자 요지가 있다. 발굴조사는 이 구역들 중 그 규모가 가장 큰 성수면 도통리 중평마을 일대를 대상으로 진행하였는데, 가마가 있을 것으로 추정되는 곳에 이미 민가들이 조성되어 있어 가마의 흔적을 발견하지는 못했다. 다만 높이가 7m에 육박하는 폐기장에서 우리나라에서 발견되고 있는 모든 종류의 초기청자와 다양한 형태의 요도구가 출토되었다. 특히 가마의 축조에 사용된 것으로 추정되는 벽돌이 상당수 확인되어 벽돌 가마의 존재 가능성을 높여 주었다. 이러한 양상은 우리나라에서 가장 이른 시기의 청자 요지로 평가되고 있는 龍仁 西里(호암미술관, 1987)와 始興 芳山洞(해강도자미술관, 2001)에 견주어도 전혀 뒤처지지 않는 것으로 보고 있다.

[사진 11] 고사부리성 출토 초기청자(전북문화재 연구원, 『정읍 고사부리성 종합보고서』)

우리나라 초기청자의 출현시기와 관련해서는 9세기부터 10세기까지 그 견해가 매우 다양하다. 중국의 직·간접적인 영향으로 오월이 송에 멸망하면서 각지로 흩어진 일부 도자 장인들이 고려에 유입되어 그 기능을 전수함으로써 한반도의 청자가 발생했다는 주장(한성욱 2010)이 대표적이다. 또한 한반도의 청자제작은 지방호족세력인 해상세력에 의해 시작되었고, 청자의 수입만으로는 수요를 모두 충족시키지 못하게 되자 마침내 청자 제작을 시작했다(조은정 2003)는 것이다. 이러한 견해에 주목하여 그간 진안 도통리를 비롯한 진안고원의 초기청자는 서남해안 호족세력들의 영향력 아래에서 제작된 것으로 보고 그 출현 시기를 10세기 후반경으로 비정되어 왔다(윤성준 2010).

그러나 서기 900년 전주에 도읍한 견훤의 후백제가 40년간 우리나라 초기청자의 본향으로 알려진 吳越과 돈독한 국제 관계를 형성하고 있었음을 고려한다면, 후백제에 의한 청자제작기술의 도입도 적극적으로 검토되어야만 한다.(곽장근 2013) 그간 초기청자가 출토된 전북지역의 유적들은 모두가 후백제와 긴밀한 관련성이 있는 곳들이다. 즉 후백제 전주성으로 밝혀진 전주 동고산성에 대한 6차례의 학술발굴조사을 통해 적지 않은 초기청자가 발견되었으며, 견훤에 의한 미륵사 開塔이 행해진 익산 미륵사지, 견훤의 사상적 기반이 된 실상산문의 남원 실상사에서도 상당량의 초기청자가 발견된 바 있다. 다만 종래에는 이 초기청자들을 모두 중국제 청자로 분류하였는데 이에 대해서는 면밀한 재검토가 이루어져야 할 것으로 판단된다.

정읍 고사부리성 초기청자 역시 도통리 초기청자 요지에 대한 본격적인 논의 이전에 조사가 이루어져 단순히 통일신라시대에 수입된 중국제 청자로 인식하였다. 그러나 고사부리성이 있는 정읍시 고부일원은 백제의 중방의 치소라는 역사성을 지니고 있으며, 지정학적으로도 후백제의 도성인 전주에서 바닷길을 통해 중국으로 곧장 나아갈 수 있는 대중국 교류의 관문에 해당된다. 이와 더불어 후삼국시대 호남지역에서 유일하게 고려의 왕건의 영향력 아래 놓여 있었던 나주세력을 견제할 수 있는 군사적 요충지이기도 하다. 이러한 중요성으로 인해 고부지역, 더 나아가 동진강유역의 대한 견훤의 관심이 매우 지대했을 것으로 판단된다. 따라서 고사부리성에서 출토된 초기청자가 후백제의 견훤에 의해 유입되었을 가능성도 배제할 수는 없다.

최근 고부지역과 정읍천을 사이에 두고 있는 정읍시 북면 남산리 이문마을에서 후백제와 관련된 주목할 만한 유적이 발견되었다(전주문화유산연구원, 2013). 이문유적이라 명명된 이 유적은 호남고속철도의 건설공사(4-2공구)에 앞서 실시된 발굴조사를 통해 확인되었다. 이 유적에서는 원삼국시대 주거지를 비롯하여 고려시대 건물지, 조선시대 무덤 등 조사되었는데, 이 중 주목을 끄는 것이 바로 고려시대 건물지이다.

고려시대 건물지는 모두 2동이 확인되었는데, 잔존상태가 양호한

[사진 12] 정읍 이문유적 건물지 출토 유물(전주문화유산연구원, 『발굴 그리고 기록』)

1호 건물지의 규모는 전면 5칸, 측면 2칸의 남향구조로 밝혀졌다. 건물지의 내부에서는 초화문 암막새, 6엽단판의 연화문 수막새을 비롯한 기와류와 다양한 형태의 그릇들이 발견되었다. 특히 주목되는 것은 전주 동고산성, 진안 도통리 가마터, 정읍 고사부리성에서 발견된 것과 유사한 형태의 초기청자가 발견되었다는 점이다. 이 청자는 통일신라시대 후기의 대표적인 토기로 알려진 덧띠무늬병과 함께 출토되었는데, 이는 초기청자의 유입 및 사용시기가 고려시대가 아닌 이보다 앞설 가능성을 보여주는 매우 중요한 자료라 생각된다. 더 나아가 초기청자의 제작기술이 후백제에 의해 도입되었을 가능성을 단적으로 보여주는 것이라 할 수 있다.

Ⅳ. 고려시대의 읍치, 두승산

고사부리성이 백제~후백제까지 고부지역의 중심이었다면, 고려시대에 들어서면서부터는 두승산이 주목받기 시작했다. 이러한 사실은 고부와 관련된 각종 문헌기록 뿐 아니라 고고학적 자료로도 증명되고 있다. 고사부리성에 대한 6차례의 발굴조사를 실시했음에도 불구하고 산성의 내부에서는 고려시대 조성된 건물지나 관련시설 등이 발견되지 않았다. 물론 고려시대의 유물이 일부 확인되기는 했으나 다른 시대의 유물에 비해 그 수량은 매우 미미한 정도이다. 또한 2004년 고사부리성의 서쪽 봉우리 정상부에 있는 민락정지에 대한 발굴조사가 실시(원광대학교박물관 2004)되었는데, 산존하는 누각은 조선시대 조성된 것으로 밝혀졌다. 고려시대 건물의 흔적이 일부 확인되었지만 이조차도 여러가지 정황상 고려시대 초기에 조성된 것으로 보기는 어렵다.
 이러한 양상으로 볼 때, 백제 때부터 후백제까지 줄곧 고부지역의 치소성으로서 영화를 누리던 고사부리성은 고려시대에 들면서 그 기능을 상실한 것으로 보인다.『신증동국여지승람』,『영주지』,『고부군읍지』등 고부지역의 역사를 기록한 사서에는 하나 같이 후백제가 멸망한 936년 고려 태조 왕건이 고부에 瀛洲觀察使를 파견한 것으로 기록되어 있다. 여기에 등장하는 '瀛洲'는 고려시대 고부지역의 지명임이 확실하나 언제 개칭되었는지에 대해서는 명확한 자료가 없다. 아무튼 중요한 것은 왕건이 지금의 도지사급에 해당되는 관찰사를 고부에 파견하였으며, 이 때 치소가 옮겨졌다는 사실이다.
 『신증동국여지승람』, 고부군산천조에는 '斗升山 在郡東五里 一云都順山 有古石城 周一萬八百十二尺 고于大壑瀛州時舊城也'이라 하였고,『고부군읍지』에는 '斗升山 在郡東五里 古稱都順 又稱瀛州山 山有九峰 其最高峰有石斗石升 故名以斗升山'라는 기록이 있다.『신증동국여지승람』의 내용은 두승산에 석성이 있는데 본래 영주 때의 옛성이었다는 것이고,『고부군읍지』의 내용은 두승산이 영주산으로도 불렸다는 것이다. 또한 일인 학자인 이마니시(今西龍)는 어디에서 근거한지는 몰라도 영주의 치소가 지금의 고부면 입석리에 있었다고 주장한 바 있으며, 최근에 발간된『정읍시사』에도 같은 내용이 있다. 이러한 내용들을 종합해 보면 결국 고려시대 영주의 치소성은 지금의 두승산성으로 결론지을 수 있다.
 두승산성은 고부면 입석리 두승산에 있는 산성으로 전라북도 기념물 제54호로 지정되어 있다. 산성의 둘레는 자그마치 5㎞에 달하는데, 아직까지 백제 산성으로서 이러한 규모는 확인된 사례가 없다. 산성의 내부에서도 백제 토기편이 일부 발견되기는 하지만 극히 소수에

[사진 13] 두승산 전경

불과하며 대부분 고려시대 도기편과 기와편이 산재되어 있기 때문에 고려시대 축성되었을 가능성이 크다. 두승산성에 대해서는 지금은 고인이 되신 故전영래 교수가 『전북지역 고대 산성 조사보고서』에 보고한 내용을 발췌하여 소개하고자 한다.

  두승산은 북동향의 최고봉이 443.6m이나 평지에 독립하여 그 산괴는 참으로 거대하며 험준하다. 최고봉을 기점으로 서쪽으로 달리는 산맥은 『고부구읍지』에 '山有九峰'이라 한 것과 같이 병풍처럼 연봉이 두르고 그 서북쪽모서리인 유선사에서부터는 성황산을 뻗는 지맥과 입석리로 뻗는 지맥이 나눠진다. 최고봉에서 남으로 뻗은 지맥은 약 700m를 내려오다가 서쪽으로 꺾이고, 최고봉에서 남서방으로 내달은 지맥은 중간에 안부를 형성하였다가 높이 340m의 봉우리가 되고 이 봉우리에서는 다시 서주하여 입석리로 뻗고 있다. 이처럼 두승산은 중간안부를 경계로 수구를 향한 서쪽 골짜기와 萬壽里로 향하는 남쪽 골짜기로 양분된 깊은 계곡을 감싸고 있는 천연의 요새이다.

산성은 입석리에서 들어간 수구골짜기에 서문을 설치하고 북으로는 약 335m를 쌓아 올라가다가 유선사에서 입석리로 뻗은 지맥은 북변을 따라 375m를 가다가 고부로 뻗은 지맥의 능선을 따라 148m를 남동으로 올라가 유선사 동변에 다다른다.

유선사로부터는 연봉의 북변을 따라 최고봉까지 이르고 다시 남으로 달리는 지맥의 외변을 따라 가다가 약750m 지점부터는 서쪽으로 꺾였 다가 남쪽골까지 수구로 북주하여 남문지에 이르며 남문지로부터는 서 주하는 지맥의 바깥경사면을 따라 1,294m를 나가면 남서우각이 되고 이 곳에서 290m를 북동으로 내려가서 서문지 수구에 이른다.

축성은 거의 석축으로서 대부분 붕괴되었으나 약간 원형이 남아 있는 곳도 있었다. 그리고 최고봉에서 340m고지에 이르는 안부에도 축성하 여 두승산맥은 서성과 남성으로 양분된 복합적인 형세에 있다.(전영래, 2003,『전북지역 고대산성 조사보고서』, 한서고대학연구소)

위의 내용을 볼 때, 두승산성은 고려시대 치소성으로서의 큰 부족 함은 없어 보인다. 그러나 치소성의 주된 기능인 행정적 측면만을 고 려한다면 두승산성보다 백제 때부터 줄곧 고부지역의 치소였던 고사 부리성이 더욱 효율적인 것은 사실이다. 그럼에도 불구하고 고려는 왜 치소를 옮겨야 했던 것일까? 이는 두승산이 가지고 있는 풍수적 관념이 작용했을 수도 있지만, 그보다는 오히려 후백제의 잔존세력 및 민심에 대한 효과적인 통제의 방편으로 보는 것이 맞을 것이다. 주지하다시피 산성의 축조는 많은 시간과 공력이 소모되는 대규모 토 목공사이다. 여기에는 많은 노동력을 필요로 하게 되는데, 고려는 후 백제의 잔존세력 및 그들을 추종하는 백성을 산성의 축조에 투입함으 로서 통제력을 강화하려고 했던 것이다.

여기에 더해 951년 고려 광종은 고부에 안남도호부를 설치한다. 도호부는 군사적 성격이 매우 강한 행정기구이다. 고려는 후백제를 멸망시킨 936년 후백제의 도성인 전주에 안남도호부를 설치하여 군사적 통제력을 강화했는데, 16년 뒤 이를 고부지역으로 옮겼다. 이는 결국 고부지역 후백제 추종세력의 통제가 쉽사리 이루어지지 않았음을 의미하는 것이다. 당시 고려는 발해를 멸망시킨 거란을 적대시하여 북진정책을 펼치고 있었는데, 이를 위해서는 후방의 안정이 무엇보다도 중요했을 것이다. 이러한 이유로 인해 후백제의 거점이었던 고부지역에 안남도호부를 설치하여 통치력을 강화했던 것이다. 이는 고부지역이 안남도호부에서 다시 고부로 바뀌는 해가 고려 현종 10년임을 보면 더욱 명확해 진다. 즉 1019년은 고려가 거란과의 마지막 전쟁을 승리로 장식한 직후로, 『고부군읍지』, 『정읍시사』 등으로 통해 볼 때 이때 다시 성황산에 있는 고사부리성으로 읍치가 옮겨 가게 된다.

이처럼 두승산성은 936년부터 1019년까지 고부지역의 행정치소로서 그 기능을 담당했던 곳이다. 이 산성은 그간 미스터리로 남겨져 있던 고부지역의 고려시대 역사를 알 수 있는 해답이 담겨져 있으며, 백제 및 후백제의 계승의식 또한 깊게 새겨져 있다. 그럼에도 아직까지 제대로 된 정밀조사가 이루어지지 않고 있다는 것은 매우 안타까운 일이다. 아무쪼록 하루빨리 두승산성에 대한 체계적인 조사가 이루어지길 기대한다.

【 참고문헌 】

국립부여문화재연구소, 2006,『실상사 Ⅱ』, 발굴조사보고서.
곽장근, 2011,「전북지역 백제와 가야의 교통로 연구」,『한국고대사연구』제63 집, 한국고대사학회.
곽장근, 2013,「진안고원 초기청자의 등장배경 연구」,『전북사학』42호, 전북사학회.
권정혁, 2010,『井邑 新川里遺蹟』, 전북문화재연구원.
金奎正·金大聖 외, 2013,『井邑 古沙夫里城 종합보고서』, 전북문화재 연구원.
김낙중, 2012,「고고학 자료로 본 비리벽중포미지반고사읍의 위치」,『전남지역 마한소국과 백제』, 2012년 백제학회 국제학술대회 발표요지문.
김병남, 2007,「정읍 고부의 지역적 형성과 변화과정 -고·중세 시기를 중심으로-」,『전북사학』31, 전북사학회.
金祥奎, 2010,「百濟 中方城의 考古學的 硏究」, 圓光大學校 大學院 碩士學位論文.
안현중·김영태, 2011,『扶安 白山城 Ⅱ』, 전북문화재연구원.
尹盛俊, 2010,「鎭安地域 靑瓷窯址의 硏究」, 圓光大學校 大學院 碩士學位論文.
전북문화재연구원, 2006,『전주 동고산성』, 전주시.
전주문화유산연구원, 2013,『정읍 정토·망담·이문유적』.
전주문화유산연구원, 2014,『정읍-신태인(2공구)도로건설공사 구간 내 문화재 발굴조사 2차 약식보고서』.
全榮來, 1974,「井邑 雲鶴里 古墳群」,『全北遺蹟調査報告』3, 전주시립박물관.
全榮來, 1975,「扶安地方 古代圍郭遺蹟과 그 遺物」,『全北遺蹟調査報告』4, 全羅北道博物館.
全榮來, 1980,「古沙夫里」, 井邑郡. 3,
전영래, 1985,「百濟南方境域의 變遷」,『千寬宇先生還曆紀念 韓國史學論叢』,

正音文化社.

全榮來, 2003, 『전북 고대산성조사보고서』, 전라북도·한서고대학연구소.

정재윤, 2012, 「문헌 자료로 본 비리벽중포미지반고사읍」, 『전남지역 마한소국과 백제』, 2012년 백제학회 국제학술대회 발표요지문.

曺銀精, 2003, 「韓半島 中西部 地域 土築窯 研究」 -海南 新德里를 中心으로-, 弘益大學校 大學院 碩士學位論文.

崔完奎, 1997, 『錦江流域 百濟古墳의 研究』, 숭실대학교 대학원 박사학위 논문.

崔完奎, 2002, 「東아시아의 周溝墓」, 호남고고학회 창립 10년 기념 국제학술대회 발표요지문.

최완규, 2013, 「김제 벽골제와 중방성」, 『호남고고학보』 44집, 호남고고학회.

韓盛旭, 2010, 「康津 靑瓷의 生産과 流通」, 『文化史學』 第34號, 韓國文化史學會.

한수영·김은정·송종열, 2011, 『井邑 新綿遺蹟』, 호남문화재연구원.

海剛陶磁美術館, 2001, 『芳山大窯』, 京畿道 始興市.

湖巖美術館, 1987, 『龍仁西里高麗白磁窯』 ; 2003, 『龍仁西里高麗白磁窯』 Ⅱ.

고부의 연혁과 두승산의 역사

박 경 하

Ⅰ. 고부의 연혁과 사찰

1. 고부의 연혁

고부는 청동기문화를 형성했던 마한 54개국 중 고비리국(古卑離國)에서부터 시작하는 것으로 추정되는데, 이에 대한 내용은 『三國志』에 기록되어있다.

> 韓在帶方之南 東西以海爲限 南與倭接 方可四千里 有三種 一曰馬韓 二曰辰韓 三曰弁韓 … 馬韓在西 … 有 … 古卑離國…
> 『三國志』 券30, 魏書30, 東夷傳 韓條

오늘날에도 이어지고 있는 '고부'라는 지명은 『삼국사기』에 "고부군은 본시 백제의 고묘부리군(古眇夫里郡)으로 경덕왕이 이름을 고쳐 지금도 그대로 하며 영현(領縣)이 셋이다."라는 기록에 처음 등장한다.[1] 그러나 다른 기록에서부터는 고묘부리(古眇夫里)가 아닌 고사부리(古沙夫里)라고 칭하는데, 이는 고묘부리가 오기라고 생각된다.[2]

삼국시대에 들어와 마한의 땅에서 성장한 백제는 4세기에 접어들어 전라북도 지역까지 진출하게 된다.[3] 이때 고부를 고사부리라 하여, 고부 지역은 성왕대 웅진에서 사비로 천도한 이후 지방을 정비하게 되면서 지방통치의 거점으로서 부각된다. 사비시대의 백제 지방통치체제는 5방 37군 200성으로 편제되는데[4], 고부는 백제의 5방성의 하나인 중방고사성(中方古沙城)이 있던 곳으로 정치 군사의 중심이었다.[5] 당시 고사부리성[고부구읍성[6]]을 지었던 기록은 『삼국사기』에서 찾을 수 있다.[7] 또한 그때의 치소는 현재 정읍시 영원면 은선리이며, 그 유지는 금사동산성지(金砂洞山城地)로 전한다.

이후 시기부터는 여러 자료를 통해 고부 연혁의 변천을 찾을 수 있다. 그 자료들을 소개하면

古阜郡 本百濟古沙夫里郡 新羅改爲古阜郡 高麗太祖十九年丙申 改瀛州觀察使 光宗二年辛亥 改爲安南都護府 顯宗十年己未 改知古阜郡
- 『世宗實錄』 券151, 地理志 全羅道 全州府 古阜郡

古阜郡 本百濟古沙夫里郡 新羅景德王改今名 太祖十九年 稱瀛州觀察使 光宗二年 爲安南都護府 顯宗十年 復今名 忠烈王時倂于靈光 尋復舊 屬郡一縣六
『高麗史』 券57, 志11, 地理2

古阜郡 本百濟古沙夫里郡 新羅改今名 高麗太祖十九年 稱瀛洲置觀察

使 光宗二年 改安南郡都護府 顯宗十年 復古阜郡 忠烈王時倂于靈光郡 尋復舊 本朝因之

『新增東國輿地勝覽』券33, 全羅道 古阜郡

　이외에도 여러 자료에서 고부에 대한 기록이 나와 있다. 그 내용들은 대부분이 비슷하게 기록되어 있는데 다시 한 번 전체적으로 이를 정리하면, 백제가 의자왕 20년(660)에 나·당 연합군에 의해 망하자 당나라는 웅진도독부를 중심으로 그 관하에 7주 51현을 두고 고부를 고사주라 칭하였다.[8] 신라 문무왕 17년(667)에 당을 물리치고 삼국이 통일된 뒤, 신라 경덕왕 16년(753)에 전국에 9주를 두고 군현의 명칭을 고치면서 고사부리를 고부군으로 개정하고 부령현, 희안현, 상질현등 3곳을 영현으로 하였다.[9] 이때 이전 백제 지역에 3개의 주를 두었는데, 완산주에 10군 31이 있었으며 고부군은 여기 10군내 해당하였다.

　이후 고려시대에 이르러 태조 19년(936) 고부군을 영주(瀛州)로 개정하고 관찰사를 두었는데 당시 태산, 인의, 보안, 부령, 정읍, 고창, 흥덕 등 여러 고을을 다스리게 하였으며, 이때의 치소가 현재 고부면 입석리이다. 이후 광종 2년(951) 영주에서 안남(安南)이라 개칭하고 도호부)를 고부로 옮기게 되는데, 이는 고부의 전략적 위치를 고려한 것으로 보인다. 고부가 안남도호부로서 군사적 거점이 되었던 것은 고려가 거란의 공격을 받았던 성종에서 현종 연간이었으며, 안남도호부의 기능이 없어진 것은 고려의 지방제도가 정비된 뒤였다.[10] 이후 현종 10년에 고부 지역의 명칭을 안남에서 다시 고부군이라 하고, 치소를 지금의 고부리 성황산으로 옮겼다. 이때 1군 6현이 고부군에 속했다. 그러다 고려 말, 충렬왕 원년(1275)에 고부군이 영광군의 속현으로 한때 격하되기도 했으나 다시 고부군으로 복귀되었다.

조선시대에 들어와 행정구역이 정비되면서 태종 9년(1409) 고부군의 속군현이었던 태산군과 인의현을 합쳐 태인현으로 만들어 현감을 두게 되었고, 정읍현에도 또한 현감을 두게 되었다.[11] 이후 세조 때, 진을 두어 전주부에 귀속시킴으로서 고부가 이에 속하도록 하였다. 그 기록은 19세기 조선시대에 편찬된 여러 『읍지』를 통해서 알 수 있다.

本百濟古沙夫里郡 新羅改今名古阜 高麗太祖十九年 改稱瀛洲置觀察使 光宗二年 改稱安南都護府 顯宗十年 復古阜 忠烈王時竝于靈光郡 尋復舊號 本朝仍之世祖朝始置鎭屬全州府

『輿地圖書』全羅道 古阜 ; 『古阜郡邑誌』(1812) ;
『湖南邑誌』册6, 古阜郡邑誌(1871, 1895) ; 『全羅北道各郡邑誌』
古阜郡(1899)

그런데 당시 고부의 치소가 향교의 위치와 맞지 않는다하여 시비 끝에 영조 41년(1765) 남쪽으로 내려오게 되어[12] 지금의 고부초등학교 위치로 옮겨지며 고부군의 위치가 조정되었다.

이후 19세기 후반 조선은 삼정(三政) 문란이 심해지고, 개항 이후 외국 공산품이 들어와 국내 수공이 위축되었으며, 쌀이 일본으로 빠져나가 쌀값이 뛰고 식량이 부족하게 되어, 빈농은 물론 영세 수공업자와 소상인 등 백성들의 삶은 날로 어려워졌는데, 이 부담과 피해가 특히 농민대중에게 그대로 전가되었다.[13] 이러한 상황에서 최제우가 1860년 보국안민과 제폭구민의 뜻을 두고 동학을 창시하였고, 이후 동학 교세들은 포교의 자유 및 현실 사회 개혁을 위해 전국적인 봉기를 꾀했지만 정부의 탄압으로 중단되었다. 그러나 전봉준 등은 또 다른 기회를 엿보았고, 마침내 이들은 고부 군수 조병갑의 탐학을 계기로 사발통문을 돌려 봉기에 나섰다. 그 과정을 살펴보면, 예부터 고부는 전라도 중에서 으뜸가는 곡창지대였기 때문에 이 지역 농민들은 항상 가혹한 수탈의 대상이 되었다. 1894년 1월(고종 31), 고부 군수 조병갑의 학정이 심해지자 전봉준을 앞세운 수백 명의 농민들은 고부 관아로 나아갔다. 이들은 관아를 점령하고 수탈에 앞장선 아전을 처벌하였다. 그러나 앞으로 어떻게 할지 구체적으로 준비를 하지 못한 농민들은 신임 군수 박원명이 온건한 무마책을 펴자 스스로 해산하였다. 그런데 안핵사로 내려온 이용태가 민란 관련사를 역적죄로 몰아 혹독하게 탄압하면서 상황이 바뀌었다. 이에 전봉준 등은 무장으로 옮겨 농민군을 재조직하고 손화중, 김개남과 함께 봉기하였다.[14] 이는 군현 단위의 단순한 봉기가 아니라 대규모의 농민운동으로 퍼지게 되었고, 민주의식을 깨우쳐 줌과 동시에 민족의 자주의식을 불러일으킨 역사적 의미가 있는 사건이었다.

  이후 1896년(고종 33년) 전국을 13도로 나누면서 전라도는 전라남도와 전라북도로 분리되고, 전라북도는 그 아래 26군을 두고 그 치소를 전주로 하였고, 이에 고부군은 전라북도에 속하게 되었다.

  그 뒤 일제강점기인 1914년 군 폐합 때, 고부군은 당시의 정읍군에 고부면으로 병합되었는데, 남부면과 서부면을 중심으로 동부면, 성포면, 부안군 입상면과 건선면, 흥덕군 일동면 등의 일부 동리를 합쳐 정읍군 고부면으로서 11개 동리를 관할하게 하였다. 이는 고부가 동학혁명의 발상지였기 때문에 민심집결이 두려워 일본이 의도적으로 이전의 고부군이었던 지역을 3개 군에 분산 및 흡수시키고 군을 면으로 축소개편한 것이다.[15]

  이후 1987년 고부면은 영원면에 속했던 장문리와 소성면의 만수리를 편입하여 고부, 남복, 입석, 덕안, 신중, 만화, 관청, 용흥, 신흥,

강고, 백운, 장문, 만수 등 13개 리와 44개 마을을 관할하게 되었다. 1995년 1월 시군통합으로 인하여 정주시와 정읍군이 합해져 정읍시가 되어, 현재 고부 지역은 행정구역상 정읍시 고부면이 되어 오늘에 이른다.

2. 고부 지역의 사찰

고부 지역은 언제 불교가 이 지역에 처음 전파되었는지, 또 어떻게 발전하였는가를 알 수 있는 옛 유적이나 유물이 현재 거의 없는 실정이다.[16] 고부 불교의 역사는 현존하는 유선사와 미륵암이 신라 때의 사찰로 전설이 내려오나 확실하진 않다. 단지 고려시대의 것으로 추정되는 석탑과 불상 몇 기가 있을 뿐이다.[17] 현재 고부면의 고려시대로 추정되는 대표적인 불교유물로는 남복리오층석탑, 용흥리해정사지석탑, 용흥리석불입상, 장문리오층석탑 남복리미륵암석불 등으로 전부 전라북도 유형문화재로 지정되어있다. 또한 고부의 대표적인 명산인 두승산 주변에는 13개의 사찰이 산재해 있어 확실한 기록은 없으나 다만 인근 지역이 불교문화가 융성한 곳이었으리라 추정해볼 수 있다.

이에 고부 지역에서 불교와 관련된 대표적인 유적 및 유물을 소개하면 다음과 같다.[18]

(1) 유선사(遊仙寺)

전통사찰 54호이며, 고부면 남복리에 위치하고 있다. 대한불교 조계종 제24교구 본사 선운사 말사이다. 고부에서 부안가는 국도를 따라 남복리에 이르러 오른쪽 두승산 가파른 산길로 3km쯤 올라가면 정상에 유선사가 있다. 전설에 의하면 의상대사가 정상에서 신선들이 놀다가 승천하는 것을 보고 그 자리에 나무를 꽂아주며 이곳에 절을 지으라 하였다 한다. 지금의 절터는 북쪽 산마루에 위치하고 있는 셈이다. 그 절 이름이 유선사이고 그때 꽂아준 나무가 지금 있는 8그루의 귀목나무라고 한다. 그러나 이를 현재 확인할 길은 없다.

유선사는 한때 폐찰되었다가 몇 차례의 중건을 거쳐 조선시대 말엽에는 두승사라 부르기도 했으나 사세가 피폐되어 다시 폐찰의 수준에 이르렀는데, 1982년 비구니 성수(性洙)스님의 계시를 받아 입사하여 많은 신도들의 도움으로 본래의 약사전을 헐고 대웅전을 세우고 약사여래석조입상을 세우며 요사와 선방을 짓고 다시 약사전을 건립하여 절이 격을 갖추게 되었다. 그뿐 아니라 전기와 전화를 갖추고 대웅전 앞까지 차도를 만들기도 했다.

대웅전은 전면 3칸, 측면 2칸의 팔작집으로 다포계 양식이다. 외삼포)와 내오포에 부연을 달았으며 단청이 되었다. 대웅전 오른쪽에는 4m나 되는 호랑이상이 있는데, 절이 들어선 위치가 백호맥이 약하다는 풍수지리설에 따라 이를 보완하기 위해 세운 것이다. 대웅전 내부에 있는 불상은 철불로 삼존불(비로자나불, 석가모니불, 약사여래불)을 1990년 영암 도갑사에서 탱화와 같이 모셔왔다. 입상약사대불은 높이 18척이고 광배오여래입상이 새겨져 있다. 뒷면에는 입상미륵존상이 새겨져 있다. 또한 종각은 1997년 음력 9월 14일에 세웠으며 그 규모는 건평이 8평이고 범종의 크기도 무게가 1300관이나 되는데 신도들의 성금 2억 원으로 이루어졌다고 한다.

(2) 해정사(海鼎寺)

고부면 용흥리에 위치하고 있으며, 일붕선교종(一鵬禪敎宗)에 소속되어 있다. 두승산 지맥이 서쪽 허문골을 넘어 성황산에 머무른 산세가 고부구읍성을 돌아 서록에 위치하고 있다. 동해의 푸른 용이 흥운포우(興雲佈雨)의 갖은 조화를 부리다가 서해의 벽파를 내려다보려는 듯 슬쩍 머리를 숙인듯한 이곳이 해정사라고 한다.

옛 절터에서 발굴된 유물로 미루어 고려 때 창건되었을 것으로 추정된다. 언제 폐사되었는지 알 수 없지만, 절터도 넓고 주춧돌과 기와 조각들이 다량 발굴되어 한때는 상당히 큰 절이었다는 것을 짐작할 수 있다. 1950년 6·25전쟁 후 비구니 왕맹기(王孟基)가 중창하였으며, 1990년 주지 이태화가 대웅전과 요사를 지어 오늘에 이른다.

유물로는 용흥리해정사지석탑(전라북도 유형문화재 제96호), 용흥리석불입상(전라북도 유형문화재 제97호)이 있다. 석탑은 3층인데, 상륜은 나중에 올린 것이다. 조성 형식으로 미루어 5층 이상이었을 것으로 추정된다. 석불입상은 높이가 1.7m 로 아미타불이다. 이외에도 절터에서 해정사라는 절 이름이 적힌 기와가 발굴되기도 하였다.

(3) 미륵암(彌勒庵)

고부면 남복리에 위치하고 있으며, 호남의 명산 삼신산의 하나인 두승산 서쪽 산록에 위치한 천년고찰이다. 신라 선덕여왕 5년(636)에 자장선사가 중국 청량산에서 불도수행 기도하던 중에 두승산 미륵부처를 몽중 친견하여 수행을 마친 후, 선덕여왕 12년(643) 귀국하여 두승산 미륵부처를 찾아 참배기도하고 산세의 수려함에 성지로 삼아 절을 창건하였다고 한다.

이곳에는 이 고을 백성들의 정신적 귀의처며 미륵부처님이 계신 기도도량이었고, 또한 많은 명인달사가 배출되어 훗날 동학농민혁명의 효시인 고부농민봉기로 발상지가 되었다.

연혁을 소개하면 1850년 고부의 처사의 현몽(現夢)이 영험하여 미륵전을 짓고, 1895년에 내춘선사(來春禪師)가 미륵전을 다시 중건하여 수행기도 하였다. 이후 1960년경에는 미륵전이 퇴락하여 시주를 모아 1981년 해체복원불사를 했다. 1981년 4월 1일 지방문화재 제99호로 지정되었으며 현재는 조계종에 등록하고 사역을 확충정비하였다. 유물로는 남복리 미륵암석불(전라북도 유형문화재 제99호)이 있다. 이 석불은 높이가 1.81m이며, 현재는 무릎 이하가 땅속에 묻혀 있고, 얼굴이나 옷주름 등의 표현에서 고려시대 불상 양식을 보여 주고 있다.

(4) 보문사(普文寺)

고부면 입석리에 위치하고 있으며, 호남의 명산이며 삼신산의 하나인 두승산 노적봉 남록에 위치하고 있다. 아래로는 두승산성 서문지 1km지점으로 두승산 할미골 계곡을 따라가면 보문사가 보인다.

사찰의 역사적 배경을 살펴보면 망월사지(望月寺址)라 추정된다. 입석마을 사람들은 '법당골'이라 지금도 구전으로 전해오는데, 옛날 마을 사람들이 돌로 싼 축대를 보았기 때문이다. 조선시대 유교가 융성하고 불교를 억압할 때, 이를 폐찰시키기 위해 의도적으로 '빈대가 많아 소각했다.'는 말이 전해져 내려오나 그 사실은 발굴조사가 필요하다.

1940년 봄, 만오스님이 고사찰지란 말을 듣고 찾아와 창건하여 보문사라 이름 하였다한다. 1980년대에는 사찰의 개수영역을 확장하였으며 진입로 포장을 하여 사찰의 면모를 갖추었다. 현재는 태고종에 등록하고 불사에 전념하고 있다.

(5) 관음사(觀音寺)

고부면 만수리에 위치하고 있으며, 그 연혁을 살펴보면 1945년 고부 두승산 원통봉 남면의 원통암에서 독신녀였던 황을선이 수행하여 득도하여, 1954년에 직접 현소재지에 관음상을 봉안하여 인법당 '선황사'를 설립하고 이후 요사체와 법당을 건립, 1976년에 창건하고 공덕비를 건립하였다. 1999년에 관음사로 사명 변경 등록을 완료하고, 2000년부터는 관음 다원에서 관음차를 생산하고 있다. 건물구조는 법당이 3칸으로 목조 기와지붕이며, 요사체는 4칸으로 목조 기와지붕이다.

관음사는 정읍의 명산 두승산의 문필봉 바로 아래 자리하여 안온한 길상 영험지로 손꼽히고 있다. 경내 들머리에 50년 벚꽃나무 10여 그루가 있으며 법당 안의 거대한 보리수가 오층석탑을 지켜주고 있다. 동편 언덕에는 감나무 매실수 200여 그루가 있고, 절 뒤 계곡을 따라 오르면 따로 2,000여 평의 녹차 밭에서 해마다 전통차를 생산하여 불전공양에 쓰이고 있다.

(6) 두승사(斗升寺)

고부면 만수리에 위치하고 있으며, 1981년 3월에 창건하였다. 사찰이 두승산 입구에 자리 잡고 있어, 많은 사람들이 두승산 산행의 출발점으로 하고 있다. 현재 태고종에 소속되어 있다.

(7) 금선사(金仙寺)

고부면 장문리에 위치하고 있으며, 1924년 3월 20일에 창건하였다. 현재 태고종에 소속되어 있다.

(8) 여래사(如來寺)

고부면 남복리에 위치하고 있다. 유적으로 남복리오층석탑(전라북도 유형문화재 제95호)이 있어 고사찰지가 아닌지 추정된다. 원래 행주은씨(幸州殷氏)의 사문중 제각으로 사용되어 왔던 것을 사들여 2002년 5월 개수하고 법당으로 사용하고 있다.

(9) 영주사(永住寺)

고부면 장문리에 위치하고 있으며, 현재 태고종에 소속되어 있다. 1994년 2월 30일에 창건하였으며, 영원한 극락세계에 안주할 수 있도록 불도를 닦는 뜻에서 사찰 이름을 짓고 금선암에서 이곳에 와 창건하였다고 한다.

(10) 용문암(龍門庵)

고부면 신중리에 위치하고 있으며, 주산마을 동북쪽을 에워싼 마을 뒷산으로 배뫼에 위치한 용궁터와 노송이 우거져 있고 동쪽을 제외하곤 모두 지평선이다. 옛날에 유생들이 찾아 공부하던 곳이라 전하고 있다.

창건연대는 정확히 알 수 없으나 100여 년 전으로 보며, 북쪽 30m 지점에 배뫼 샘이 있고 약수로 알려져 있다. 법당에는 아미타불을 신앙하고 극락에 태어날 수 있다고 역설한 정토삼부경과 함께 아미타불을 모시고 있다.

(11) 도선사(道仙寺)

고부면 남복리에 위치하고 있으며, 1986년 법당을 건립하였다. 현재 원효종에 소속되어 있다.

Ⅱ. 두승산의 역사와 구비전승

1. 두승산의 역사

두승산은 부안의 변산, 고창의 방장산과 더불어 삼신산으로 꼽히는 명산이다. 그 높이가 442m이며, 현재는 행정구역상 고부면에 위치하고 있다. 암석으로 된 이 산의 줄기는 남쪽에서 북서쪽으로 완만한 경사를 이루며 길게 뻗어있고, 북동쪽은 가파르며 멀리서 이 산을 보면 거북형상과 너무 흡사하다.

두승산은 예부터 여러 자료에 기록되어 있는데, 그 중 몇몇을 소개하면 다음과 같다.

> (古阜郡) 鎭山 都順 在郡東五里
> 『世宗實錄』券151, 地理志 全羅道 全州府 古阜郡

> 斗升山 在郡南五里 古稱都順山 又稱瀛洲山 山有九峯 其最高峯有石斗石升 故今名以斗升山
> 『輿地圖書』全羅道 古阜 ; 『古阜郡邑誌』(1812) ;
> 『湖南邑誌』册6, 古阜郡邑誌(1871, 1895) ; 『全羅北道各郡邑誌』
> 古阜郡(1899)

> 斗升山 在南五里 一云都順山 山勢巍然其北日天台山
> 『增補文獻備考』券22, 輿地考 山川 全羅道

내용은 거의 비슷하여 이를 정리해보면, 두승산은 고부군 남쪽 5리에 있는데 예전에 도순산(都順山)으로 불렀고, 또 영주산으로도 불렀다. 산에 9개 봉우리가 있는데, 그 최고봉에 돌말(石斗)과 돌되(石升)가 있어 그 이름을 두승산이라 하였다고 한다. 당시 9개의 봉우리의 명칭은 모두 기록되어 있지 않았고, 그 중 알려진 몇몇을 소개하면 남쪽의 선인봉은 옛날에 귀인봉이라 불렀다고 하고, 봉우리 밑에는 풍수설이 있어 호남의 큰 혈이라 하여 많은 사람들이 드나들었다 한다. 두승산의 동쪽으로는 망제봉(望帝峯)이 있어 덕천면이 있고, 북쪽 기슭으로는 천태산이 솟아 있어 이평면과 영원면이 있고, 서쪽에는 고부면이 있으며, 남쪽에는 소성면이 있어 이 산 주위에 5개 면이 걸쳐있는 셈이다.

또한 두승산은 예부터 불교가 어느 정도 발달되었던 지역이었음을 알 수 있는 기록이 남아있다.

萬日寺 望月寺 燈溪寺 俱在都順山
『新增東國輿地勝覽』 券33, 全羅道 古阜郡

여기에서 '만일사(萬日寺), 망월사(望月寺), 등계사(燈溪寺)는 모두 도순산(都順山, 두승산의 옛 이름)에 있다.'라고 하는 기록을 보아 과거에 여러 사찰이 있었음을 알 수 있다. 실제로 산마루에서 북서쪽으로 조금 비껴 있는 곳에 유선사가 있고 또한 두승산성의 성터 위에 보문사가 있으며 다른 길을 따라서 오르면 원통암 석불유지가 있다.

그리고 두승산이 있는 고부 지역은 전통적으로 서해안의 정치 군사의 요충지로, 이곳에 산성을 쌓은 기록이 있다.

斗升山 在郡東五里 一云都順山 有古石城 周一萬八百十二尺 跨于大壑髣疑瀛洲時舊城也
『新增東國輿地勝覽』 券33, 全羅道 古阜郡

이 기록에서 언급되는 옛 석성은 오늘날 두승산성이라 하며, 1981년 4월 1일 전라북도기념물 제54호로 지정되었다. 다른 명칭으로는 승고산성과 영주산성이 있다. 그 둘레가 1만 8백 12자이며, 큰 골짜기를 넘어가는데 영주 때의 옛 성이 아닌가 생각하고 있다. 실제로 두승산 남쪽으로 선인봉이 솟아있고 그 선인봉에서 남쪽으로 고려시대 영주 관찰부의 소재지였던 지금의 고부면 입석리가 있다. 두승산은 관아가 있는 읍성은 아니고 산성으로 군사적 역할을 담당한 것으로 보인다. 이 산성은 선인봉 남쪽의 정상에 돌성의 터가 있다. 두승산성이 만들어진 연대는 『신증동국여지승람』에 고려 때 고부를 칭했던 영주 때의 옛 성이라고 하였고, 이 산성 안에서 대부분 고려시대 토기조각과 기와조각 등이 발견되는 것으로 보아 고려시대에 지어진 것으로 알려져 있다.

2. 두승산의 구비전승

두승산은 고부 지역의 긴 역사와 함께한 만큼 다양한 구비전승이 전해져 내려오고 있다. 이에 두승산과 관련된 전설들을 소개하면 다음과 같다.[19]

(1) 기쁨만 안아주는 미륵부처님[彌勒庵]

옛날부터 호남의 명산이라 일컬어 오는 두승산은 고창의 방장산, 부안의 변산과 더불어 삼신산의 하나이다. 옛날에 두승산 선인봉 서록 아래, 옛 백제의 고사부리군 승고산성(升高山城)을 돌아가면 미륵부처님이 노송 아래 천년의 세월을 홀로 의연히 기다리고 계셨다. 신라 선덕여왕 5년(636) 자장선사께서 중국의 청량산에서 북도수행 기도하던 중에 두승산 미륵부처님을 몽중친견하여 가르침을 받고 도를 깨달아 수행을 마친 후, 꿈에 봤던 두승산을 초행에 찾아 나서기로 했다. 선덕여왕 12년(643)에 귀국하여 두승산 미륵부처님을 찾아 참배 기도하고 산세의 수려함에 매혹되어 성지로 삼아 절을 창건하였다 한다. 이후 자장선사가 수도정진 기도하면서 많은 명인달사가 배출되고 훗날 임진란과 정유란 때 왜군의 침공으로 고부읍성의 향교를 비롯하여 사찰의 피해와 고통 속에서도 이겨내며, 먼 훗날에는 동학농민운동의 효시인 고부농민봉기로 발상지가 되었다.

두승산의 미륵부처님은 고을 백성들의 정신적 귀의처이며 기도도량이 되었고, 천년세월이 지나갔지만 송림 하에 홀로 오늘도 서 계셨다. 이와 관련된 이야기 하나를 소개하자면, 1850년 고부골에서 은(殷)참봉이 찾아 왔는데, 그는 슬하에 아들이 없었다. 이에 부인 이씨는 미륵부처님을 찾아 소원성취를 합장기도하며 백일기도를 다녔다. 그렇게 정성을 다하던 부부가 하루는 꿈을 꾸었는데, 미륵부처님이 꿈에 현몽하여 이렇게 말했다. "너희들은 참 기특하다. 어려운 사람들을 잘 돌보아 인심과 불심이 함께 있거늘 너의 소원을 들어 주노라"하고 부처님 용모와 똑같은 아이를 안아주는 꿈을 꾸었다. 그 후 부인 이씨는 실제로 아이를 잉태하게 되어 은참봉은 미륵부처님이 있는 곳을 찾았다. 은참봉은 풍우설 속에 계신 미륵부처님의 안식처인 법당을 짓고, 아들을 낳아 기르며 소망이 있으면 언제나 미륵부처님께 합장기도하며 소원을 말하고 미륵부처님 앞의 돌을 들면 소원을 점쳐주었다고 하였다. 이 소문은 마을에 화제가 되었고 아들 없는 부인들이 모여들었다. 신비하고 영험한 돌은 지금도 있어 기도하는 사람들이 끝나면 들고 소망을 점쳐보곤 한다. 또한 영험하고 신기한 일은 미륵부처님께 기도하여 잉태했던 남자 아이가 커서 노인이 되었을 때도 부처님처럼 용모가 닮았다는 것이었다.

(2) 보시(布施)의 미덕

옛날에 행주 은씨에 신윤(辛尹)이라는 이름을 가진 사람이 있었는데, 경주부윤을 지내고 3년 후에는 성균관 내직에 들어가 보문각 직제학이 되었다. 시호는 양열공(養烈公)이다. 그가 재직 시, 조정에 간신이 가득하여 정사에 직언을 함과 동시에 벼슬을 버리고 고부 두승산 밑에서 은거생활을 하였다. 아들은 예조참의이고 장손이었던 여림(汝霖)은 태조 5년(1396)문과에 급제하여 영천군수를 지내고 1409년은 경주부윤을, 1420년에는 이조판서에 올랐다.

슬하에 삼형제를 두었는데 큰아들은 현(顯), 둘째는 보(輔), 셋째는 익(翊)이었고, 행주 지역에서 양반의 가문으로서 이들은 공부에 전념하여 과거에 급제했다. 큰 아들은 통헌대부, 둘째 보는 해주판관, 셋째 익은 성균관 진사가 되어 가문의 영광을 이어 갔으나 세종이 승하하고 정변으로 삼형제는 관직을 그만두고 고향마저 떠나기로 하였다. 첫째 현은 경상도 군위로, 막내 익은 경상도 대구로 내려갔고, 둘째 보는 증조부가 전라도 두승산 밑에 은거 생활했던 인연과 함께, 부인이 고부 이씨이므로 고부로 내려가기로 하였다. 고부에 내려온 보는 반래고개 아래 초가삼간을 짓고 낮에는 농사일을 하고 밤에는 글을 읽고 있었다. 삼형제가 이렇게 헤어져 오랜 세월이 흐르고 토착민이 되니 첫째는 통헌공파(通憲公派), 둘째는 판관공파(判官公派), 셋째는 진사공파(進士公派)로 나누어 지금의 후손들이 그렇게 부르고 있다.

고부는 고부이씨의 주거 집성촌으로 처가의 힘이 대단했다. 셋째 익이 사는 초가삼간 앞은 당시 목포, 함평, 영광, 고창, 흥덕, 그리고 이곳을 지나 백산, 김제로 빠져 한양으로 가는 큰 길이었다. 옛날에는 우마차가 있을 뿐 모두 걸어 다녔다. 이 집은 지나가는 나그네의 쉼터였기 때문에 짚신을 삼아 걸어 놓고 없는 이에게 무상으로 나누어 주었다. 또한 아내는 물이나 음료수를 제공하고 몸이 불편한 사람은 잠을 자고 가기도 하여 그 집에 나그네들이 끊일 줄을 몰랐다. 베푸는 즐거움으로 사는 아름다운 한 부부였다.

그러다 어느 날, 익의 집에 스님의 목탁소리가 들렸다. 이에 나가서 시주하니 스님은 은씨에게 "여러 중생에게 보시함에 감사하오."하며 두승산 망월사에서 소문을 듣고 뜻이 있어 왔노라고 목탁을 치며 독경을 하더니 "관세음보살" 합장하며 자기를 따라 오라고 했다. 그곳은 얼마 멀지 않은 고개 밑 고부이씨들의 선산이었다. 노적봉 능선아래 가장 큰 혈로, 후대에 고부를 누르고 자손이 융성하노라고 스님이 암장을 권하였으나 은씨는 거절하였다. 그러나 스님은 끝까지 은씨 집에까지 따라와 "관세음보살 나무아미타불"하고 떠나갔다. 그날 밤 아내는 등잔불에 바느질을 하며 그 말을 모두 들었다. 서방님의 착한 마음을 안 아내는 날이 새자 망월사 스님을 찾아가 자기가 하겠다고 청하여 위치를 확인하고 용기를 내어 친정 선산에 찾아가 일을 치렀다. 그러자 세월이 흘러 은씨는 번창하여 집성촌을 이루고 스님의 말처럼 고부이씨들은 인근 지역으로 떠나 줄포, 소성, 정읍 지역에 많이 살고 고부는 아주 적은 숫자가 살고 있다.

이는 구전으로 전해오는 이야기일 뿐 어느 문헌이나 고부이씨 족보에도 없다. 그러나 전설로 넘기기엔 이상한 일이 하나 있다. 은씨의 사당이 있는 반래 선산, 판관공파 묘소에 직손 다섯 분을 모시는데 배위, 즉 부인이 모두 고부 이씨이다. 그리고 이 선산 벌안에는 남모르는 묘가 10여 기 있다. 이름도 성도 모르는 묘를 정성껏 같이 벌초하고 관리하며 몇백 년이 흘렀다. 현재는 자손도 번창하여 영남의 두

형제를 합친 자손 수보다 판관공파 자손들이 월등하다. 행주은씨 판관공파 자손들은 전해오는 이야기를 하면서 묘의 임자들을 지금도 찾고 있다.

(3) 만수동 부부

호남의 명산 삼신산의 하나인 두승산 남쪽 기슭에 만수동이란 마을이 있다. 도로를 경계로 북쪽에는 오씨가 많이 살았고, 남쪽에는 김씨가 많이 살았다 한다. 그런데 조선 초기에 이 산기슭에 오만석이라는 사람과 부인 김수복이라는 부부가 살고 있었다.

이들 부부의 금슬은 아주 좋았으나 가난한 것이 항상 한이었다. 늘 먹을 것이 모자라 나물을 캐서 연명하고 약초를 캐어 생활을 꾸려 나갔다. 그런데 부인 김수복은 보통 여인이 아니었다. 자기는 못났다고 생각하지만 항상 남편을 아끼고 존경하며 '어떻게 하면은 우리 남편을 훌륭한 사람으로 출세시킬 것인가'하고 고심하며 살아갔다. 그리하여 평소에도 아내는 남편에게 시간이 허락하는 대로 공부할 것을 권유했으나 무식한 남편은 별 뜻이 없었다.

어느 날 고부에 새로 원님이 부임하였는데, 그 원님은 사냥하기를 무척 좋아하였다. 청명한 날을 택하여 수시로 사냥을 나가는 원님이었다. 원님은 부임 후 곧장 두승산에 산길을 잘 아는 사람 즉 길잡이를 구했다. 마침 오만석이 산길에 가장 밝다는 것을 알아내고 그를 불러들였다. 오만석은 좋아서 어쩔 줄 몰랐다. 평소 산골에서 약초나 캐던 자기가 평생 가도 원님 얼굴 한 번 구경 못할 판인데, 같이 사냥을 다니자니 이것이 무슨 행운인가 몰라 가슴이 뛰기만 했다. 사냥이 있는 날이면 오만석은 꼭 길안내를 맡았다. 거기다가 음식과 돗자리까지 들고 다니면서도 금방이라도 출세라도 하는 듯싶어 고된 줄도 모르고 다녔다. 그러나 오랫동안 그를 따라 길안내를 해주었지만 원님은 그를 돌아보지도 않았다.

그러자 오만석의 부인은 원님에 대해 서운하게 생각했다. 남편의 출세를 기대했으나 어림없는 일임을 알았고, 이후 남편을 설득하기 시작했다. "여보, 당신은 총명하고 지혜로운 나의 남편입니다. 당신의 재주를 나는 알고 있습니다. 당신이 공부를 전혀 안 해 무식해서 그렇지 당신은 이대로 늙을 사람이 절대 아닙니다. 때는 늦지 않았습니다. 지금부터라도 공부를 해야 합니다. 그래서 과거에 합격하여 당신도 원님이 되어야 합니다. 당신의 재주와 용기는 충분히 이 일을 해낼 수 있다고 저는 믿습니다. 돗자리나 들고 남의 사냥이나 따라 다니는 것이 얼마나 더럽고 창피한 일입니까? 여보, 제가 내일부터 축원 올리고 당신을 죽도록 도울 것이니 당신은 내일부터 공부를 하십시오."하는 것이었다.

이 말을 들은 오만석은 주먹을 쥐고 결심하였다. 둘은 눈물을 흘리며 굳게 언약하였다. 남편은 과거에 합격할 때까지 공부하고 아내는 그 뒷바라지를 끝까지 해주겠다는 피맺힌 결단의 약속이었다. 그로부터 10년을 아내는 남편의 뒤를 도왔고 남편은 그 아내의 끊임없는 사랑과 격려에 힘입어 과거에 합격하고 말았다. 과거에 당당히 합격하여 금의환향하였을 때 주위의 많은 사람들은 칭찬과 부러움으로 꽉 차있었다.

그런데 이게 웬 불행인지 별안간 아내는 병석에 눕게 되었다. 게다가 이름 모를 중병을 얻어서 살려낼 길이 없었다. 남편은 백방으로 약을 구하고 의원을 청해 왔으나 효험이 없었다. 아내는 과거에 합격한 남편을 두고 그 기다리던 명예와 행복도 누려보지 못하고 세상을 뜨고 말았다. 그 후, 남편은 절망 속에 눈물로 나날을 보냈다. 과거에 합격을 하고도 벼슬을 포기하고 오직 아내 생각에 나날을 보내다가 고향에서 여생을 마쳤다 한다.

그 뒤 마을 사람들은 이 부부의 가운데 이름자 만(萬)자와 수(壽)자를 따서 동네 이름을 만수동(萬壽洞)이라고 부르고 이 부부의 명복을 빌었다 한다.

(4) 원통암 석불

예부터 두승산은 도순산 혹은 영주산이라 불렀고, 또한 부안의 변산, 고창의 방장산, 고부의 두승산을 삼신산이라 하였다.

두승산 기슭 원통암 옛 절터에는 좌고 4척의 석불이 하나 있었다. 이 석불은 이순신 장군이 해전할 때에 별안간 아름다운 오색채운이 서려 있었다. 하도 이상하여 즉시 석불을 옮겨 암자 위에 정히 안치하고 영주산성을 쌓은 후 그 석불에 왜구의 물리침을 빌었다 한다.

지금으로부터 약 300여 년 전의 일이다. 안렴사 이렴(李廉)이라는 사람이 이 원통암에서 과거공부를 하고 있었다. 그는 원대한 뜻을 품고 매일 공부하여 이 돌부처에 과거에 합격하기를 간절히 빌었고, 어김없이 돌부처의 영험은 그에게 내려지고 말았다. 그가 소원하는 대로 당당히 과거에 합격이 된 것이었다. 합격이 된 그는 그 기쁨을 감출 수가 없었으며 대망을 안고 정든 고향에 돌아오게 되었다. 고향에 돌아온 어느 날, 석불 앞을 지나는데 별안간 타고 가던 말이 다리 하나를 쓰지 못하여 쓰러지고 말았다. 그는 '아, 이런 일이 일어난 것은 내가 석불의 은공을 보답하지 못한 죄였구나.'하고 생각하였다. 그는 그 후 이 석불에 돌로 관을 만들어 씌워 주었다. 그 뒤 오랜 세월이 흐르는 동안 풍우에 견디지 못한 석관에 흠이 생기고 갈라져 당시 이후선이라는 군수가 두남 스님께 부탁하여 다시 석관을 만들게 하였으며, 그 옆에는 조그마한 비석까지 세워주었다.

무수한 세월이 흐른 뒤에도 안렴사 이렴의 기억을 안고 이 석불은 풍우 속에 견디어 왔으나 지금은 찾을 길이 없어 다만 석각만 남아 있어 주민들은 '독집'이라 부르고 있다.

(5) 불자의 후회

옛날 고부군 남부면에 위치한 두승산이 있었다. 방장산, 변산과 더불어 삼신산이라 일컬어 온 두승산의 아홉봉 중 첫 봉 정상에 지금도 유선사가 있다. 의상대사가 세운 절이라는 전설이 있을 뿐 정확한 기록은 없다. 의상대사가 신라 문무왕(661) 때, 당나라에 건너가 지엄 밑에서 화엄경을 공부하고 돌아와 태백산에 부석사를 창건(676)하고 화엄을 강술하여 해동화엄종의 시조가 되었다.

어느 날 의상대사가 두승산에 올라 쉬고 있는데 멀리서 선녀들이 놀고 있었다. 의상대사가 가까이 가자 선녀들은 하늘로 올라가고 말았다. 의상대사는 선녀들이 놀다간 자리를 잊지 않기 위해 귀목나무 가지를 꺾어 땅에 꽂았다. 그 뒤 이 나무는 무럭무럭 자라 주었고 그 옆에 의상대사가 절을 지었으니 오늘날의 유선사라 전해진다. 또한 그 귀목나무는 수백 년의 장구한 세월동안 두승산의 정상에서 갖은 풍상을 견디고, 죽어가면서도 아들에게 자기의 뿌리를 전해주어 지금은 그 아들나무가 800년의 연륜을 자랑하면서 유선사를 지키고 있다.

유선사와 관련된 또 다른 이야기로는 부지런한 가운데 믿음이 두텁고 마음공부를 많이 한, 유선사를 자주 찾는 보살 할머니 한 분이 있었다. 그분은 경제적으로 넉넉한 분이라서 절에 올 때마다 시주를 하고 갔으며 법당에 들러 부처님께 참배하는 모습만 보아도 참으로 독실한 신도임을 쉽게 알 수 있었다. 그러던 어느 해, 사월 초파일 연등을 밝히고 가면서 주지스님께 자진하여 이백만 원을 사주하겠다는 뜻을 밝히고 자필로 액수와 날짜까지 써주고 갔다. 그러나 보살이 집에 와서 생각하니, 시주액수가 너무 큰 것이 후회스러웠다. '백만 원이면 될 것을 이백만 원을 썼으니 이를 어쩌나' 하는 생각에 잠깐이 설쳤다.

이튿날 보살은 절을 찾아가 주지스님께 백만 원만 시주하겠노라고 말하고 약속이 번복되었음을 미안하게 생각한다고 말했다. 스님은 흔쾌히 그리하도록 보살의 뜻을 받아들였다. 절에 다녀온 날 밤 산길을 많이 걸어 피곤한 몸을 쉬고 싶어 보살은 곧 잠이 들었다. 꿈에 유선사 법당에 들어가 참배를 하고 있는 중인데 갑자기 법당이 두 쪽으로 딱 갈라지는 것이 아닌가? 너무 놀라 꿈을 깬 보살은 마음이 착잡하였다. 불길한 꿈이었다는 생각이 늙은 몸을 괴롭혀 끝내 잠이 들지 못하고 뒤척이고 있는데 갑자기 전화가 왔다. 아들이 교통사고를 당하여 병원으로 실려 갔다는 것이었다. 급히 병원으로 달려가 사고를 당한 아들을 보았을 때, 그는 이미 중상이었다. 너무나 갑작스런 일이었다. 어안이 벙벙할 뿐 목이 메어 말도 나오질 않았다. 머리에 상처를 입은 아들은 수술대에 올랐으나 한쪽 눈을 실명하고 말았다. 외아들의 실명을 본 보살은 날마다 울었다. 그리고 부처님께 시주할 것을 번복한 사실을 크게 후회하고 자신을 한없이 꾸짖는 가운데 불길했던 꿈 생각을 떨치질 못했다. 법당이 두 조각으로 갈라졌던 꿈은 두 눈이 갈라져 한 눈을 잃을 아픔이었음을 그제야 알 수 있었다.

(6) 도계리의 최씨 할머니

500여 년 전의 일이다. 한양에서 살던 최씨 할머니는 살림이 더욱 곤궁해지자 부안(扶安)의 몽정마을로 이사하여 살았다. 그 후 가세가 조금씩 풀려가고 마침 동생인 최만경이 김제 현감으로 부임하자 그

소식을 들은 최씨 할머니는 기쁨을 감출 길이 없었다.

하루는 현감인 최만경이 누나를 찾아왔다. 누님인 최씨 할머니는 반가워하며 동생을 맞았다. 할머니는 평소 동생에게 부탁하고 싶은 것이 많이 있었으나 혹시라도 그에게 누가 되지 않을까 싶어 말을 꺼내지 않고 살아왔다. 오늘은 동생이 내 집을 찾아 왔으니 가슴에 있는 말을 좀 털어 놓아야 시원할 것 같았다.

"내가 오늘 동생을 보니 너무나 반갑네. 내가 오랫동안 간직했던 말이 있는데 들어 주겠는가?"

"예, 누님 무엇이고 제가 힘닿는 대로 해드리겠사오니 어서 말씀하십시오."

"내가 명문으로 알려진 의성 김씨 가문으로 시집온 지가 여러 해가 흘렀는데 너무 가난하고 외로워서 못살겠네. 그러니 내가 살아갈 수 있고 자손도 번창할 터 하나만 잡아 주게."

"예 누님, 염려 마십시오. 제가 호남에서 가장 이름 있는 지관을 불러 누님이 잘 살 자리를 잡아드리겠습니다."하는 것이었다. 최씨 할머니는 동생의 말을 듣고 기쁨을 감출 길이 없었다.

최만경은 유명한 지관을 대동하고 9개의 아름다운 봉우리가 조화를 이룬 가운데 석두(石斗)와 석승(石升)이 있어 두승산이라 했다던 호남의 삼신산인 두승산의 선인봉에 올랐다. 그날은 날도 맑았다. 지관은 선인봉 꼭대기에서 미리 준비한 종이매(꿩을 잡는 매를 종이로 만든 것)를 날렸다. 종이매는 높은 하늘을 날다가 지금의 이평면 도계리(당시 고부군 우덕면 도마다리)에 떨어졌다. 종이매가 떨어진 자리는 최씨 할머니가 살아가기에 가장 적합한 터라고 일러 주었다. 또한 하늘과 땅이 있는 한 부자로 건강하게 자손까지 번창할 더가 될 것이라고 말을 덧붙였다.

그 뒤 최씨 할머니는 종이매가 떨어진 도계리로 이사를 왔다. 그 후 지관의 말과 같이 건강하게 부유한 가운데 번창한 자손 속에서 살 수가 있었다. 나중에 현감인 동생은 누님을 위하여 유택까지 정해주 었으니 그곳이 지금의 덕천면 우덕리에 있는 묘소이다. 최씨 할머니 의 훌륭한 손자인 오봉(鰲峯) 김재민(金齋閔) 선생이 태어난 것은 최 씨 할머니의 고운 심성과 가난한 자를 먼저 생각했던 그분의 음덕에 서 온 것이라고 세상 사람들은 말한다.

(7) 강증산과 천지대도

증산교를 만든 사람 바로 강일순(姜一淳, 1871~1909)이다. 그의 호 는 증산(甑山), 자는 사옥(士玉)이다. 1871년 9월 19일 고부군 답내면 서산리(현: 이평면 두지리) 외갓집에서 태어나 고부군 우덕면 객만리 (현: 덕천면 신월리)에서 성장했다. 어려서부터 총명함이 뛰어났고 신 기가 있었으며 서당에서 한문을 공부할 때도 남달리 뛰어났다. 그의 얼굴 생김새 하나하나 부처님처럼 원만 관후하여 양미간에는 '불(佛)' 자 표시가 선연했으며 왼손 바닥에는 '임(壬)'자 오른손 바닥에는 '술 (戌)'자가 새겨져 있었다.

증산이 자라온 마을에는 유명한 두승산이 있는데 이 일대에서는 고 창의 방장산, 부안의 변산과 더불어 삼신산이라 부르기도 했다. 두승 산에는 상재봉, 망재봉, 시루봉 세 봉우리가 있는데 '증산'이란 바로 시루봉의 한자표기를 말한다.

그는 나이 14세 때, 하도 가난하여 한 입이라도 덜기 위해 집을 뛰쳐 나와 이곳저곳을 방황했으며 때로는 품팔이 막노동을 했으며 남의 집 머슴으로 들어가 농사를 짓고 나무를 하기도 했으니, 어려서부터 인생 의 쓴맛을 몸소 체험하고 있었다. 사는 형편이 조금은 풀렸을 때 고향에 돌아오니 나이는 17세인데 막연했다. 별수 없이 외가에 머물면서 두승산에 올라 사색과 명상을 하며 공부했다. 특히 시루봉의 끌어당기는 힘을 입어 학업에 정진할 수 있었으며 원대한 남아의 기상을 품을 수 있었다. 신기한 일화 한 가지를 들면 그가 청년이 되었을 때는 천하장사라는 말을 들었다 한다. 한번은 법당의 기둥을 손으로 잡아당겨 한자쯤 물리니 놀라는 사람이 많았다. 돌절구 통을 가볍게 들어 머리 위로 올리기도 했다니 드문 힘의 소유자였다.

21살이 되어 장가를 들어야겠는데 마땅한 혼처가 없었다. 다행이 인연을 찾아 아내를 맞는데 신부는 한쪽발이 절름거리고 얼굴에는 흠집이 있었으며 성격도 원만치 못한 신부였다. 제자들은 그의 혼례를 보고 '이렇듯 못나고 버림받은 여인에 순종하시어 부부가 되심은 운명의 멍에에 묶이어 흐느끼는 한 여인의 가슴 속에 하느님의 사랑이 온유함을 주시기 위함이다.'라고 평했다. 이렇게 21세의 나이에 결혼은 했으나 원체 가난하여 처가살이를 아니 할 수 없었다. 처가살이를 하면서 동시에 훈장 노릇을 했다.

이후 갑오동학혁명이 일어나자 24세의 나이로 고부에서 동학군에 합류하여 남원, 전주, 예산, 진잠을 거쳐 청주까지 갔었으나 이곳에서 별안간 복병을 만나 구사일생으로 목숨을 건지는 체험을 얻게 되었다. 27세가 되었을 때 충청, 경기, 강원, 경상, 평안 각지를 3년 동안이나 두루 순례하며 산하와 민중의 생활 속에서 대도의 꿈을 쌓고 있었다.

그 후 다시 집에 돌아오자 아내가 꽉 붙잡았다. 다 떨치고 집안 살림이나 하자는 아내의 간청을 즉시 물리쳤다. 그리고는 곧장 두승산 시루봉에 모신 할머니 산소를 성묘하러 갔다가 또다시 두승산이 끌어당기는 강렬한 느낌을 체험함으로써 그는 산에서 살 수 밖에 없었다. 이 당시의 기록을 보면 '검액의 환난 속에서 몸부림치는 창생을 생각하시며 잠 못 이루고 때로는 시루봉 밑에서 공부하시다가 산 밑 샘터 너머에서 가끔 흐느껴 우시도다.'라고 되어 있다.

30세(1900)가 되었던 여름날이었다. 평소에 그렇게 그리워하던 전주 모악산을 찾았아, 대원사에 들어가 기도하며 구도하고 있었다. 구도한지 9일째 되던 7월 5일, 갑자기 큰 비가 쏟아지고 5마리의 용이 심한 폭풍우를 불어내는 조화로운 오룡허풍에서 확연히 광명과 혜식이 열리며 천지대도를 깨달아 인간의 근본인 탐욕과 성냄과 음란과 어리석음을 극복하고 절대정적의 경지에 들어섰으니 성도에 이르게 된 것이다. 도를 이룬 후, 신화영통(神話靈通)하여 천지운도(天地運度)의 유희로 미래의 만사를 예측하는 식견을 가지고 도술조화하고 둔갑장신(遁甲藏身)하고 후천선계(後天仙界)를 개척할 수 있었던 조화력을 얻었다 한다.

증산은 후천선경 건설을 목적으로 천지공사를 한 사람이다. 천지공사란 말세의 운도를 뜯어 고치기 위하여 과거의 모든 이념, 이법, 질서를 개혁 수정한다는 것이다. 그러므로 이러한 공사는 아무나 할 수 있는 것이 아니라 개조의 권능자인 구천상재(九天上宰)가 아니면 해낼 수 없음을 뜻하며, 그러면 그 권능자가 바로 증산이라는 것이다. 증산은 자신이 구천 상제로서 인간세상에 강하한 몸으로 삼경(三境)의 대권을 주재하며 조화로써 천지를 개벽하여 무궁한 선경의 운수를 정하고 조화정부를 열어 재겁(災劫)에 쌓인 신명과 민중을 건지러 간다면서 천지공사를 하였다 한다.

증산이 세상을 뜨게 되자 증산의 제2부인인 고씨 부인, 훗날 차천자(車天子)라 불렸던 증산의 제자 차경석(車京石), 이치복(李致福) 등이 중심이 되어 새로운 교단을 형성했으니 이가 선도교(仙道敎, 태을교[太乙敎])이다.

일화 중 신기한 일을 하나 소개하자면, 1911년 9월 19일 증산탄신기념 치성을 하던 중 고씨 부인이 졸도하여 정신을 잃었다. 졸도에서 깨어난 고씨 부인은 이상하게 말과 행동이 증산과 비슷하여져 버렸다 한다. 신도들도 참으로 신기하다 하여 크게 놀랐다고 전한다.

1) 古阜郡 本百濟古眇夫里郡 景德王改名 今因之 領縣三(『三國史記』卷36, 雜志5, 地理3)
2) 최병운 외, 『전북역사문헌자료집』(삼국시대 · 남북국시대 · 고려대), 전라북도, 2000, p.104.
3) 김병남, 「정읍 고부의 지역적 형성과 변화 과정」, 『전북사학』 31, 2007, p.18.
4) 최완규, 「정읍 지역의 선사 · 고대문화」, 『전북의 역사문물전 Ⅵ: 정읍』, 국립전주박물관, 2006, p.175.
5) 其外更有五方 中方曰古沙城 東方曰得安城 南方曰久知下城 西方曰刀先城 北方曰熊津城(『周書』, 「百濟傳」)
6) 고부면 고부리에 있는 고부구읍성(古阜舊邑城)은 약 10여 년에 걸친 학술 발굴조사를 통해 백제시대에 운영되었던 중방고사성, 즉 고사부리성(古沙夫里城)임이 확인됐다. 이에 따라 2008년에 고사부리성으로 명칭변경과 함께 국가지정문화재인 사적 제494호로 승격 지정되었다.
7) 三十六年 秋七月 築湯井城 分大豆城民戶 居之 八月 修葺圓山錦峴二城 築古沙夫里城. (『三國史記』 卷23, 百濟本紀, 溫祚王 三十六年條)
8) 古四州 本古沙夫里 五縣 平倭縣 本古沙夫村 帶山縣 本大尸山 辟城縣 本辟骨 佐贊縣 本上杜 淳牟縣 本豆奈只(『三國史記』券37, 雜志6, 地理4)
9) 古阜郡 本百濟古眇夫里郡 景德王改名 今因之 領縣三 扶寧縣 本百濟皆火縣 景德王改名 今因之 喜安縣 本百濟欣良買縣 景德王改名 今保安縣 尙質縣 本百濟上柒縣 景德王改名 今因之(『三國史記』卷36, 雜志5, 地理3)
10) 하태규, 「고려 · 조선시대의 정읍의 역사」, 『전북의 역사문물전 Ⅵ: 정읍』, 국립전주박물관, 2006, p.188.
11) 하태규, 앞의 책, p.191.
12) 本百濟古沙夫里 唐滅百濟 古四州 新羅景德王六年改古阜郡 隸全州 高麗太祖二十三年 改瀛洲刺史 光宗二年 陞爲府 顯宗九年 復爲古阜郡 忠烈王時倂于靈光郡 尋復舊 本朝因之 英祖四十一年 移置于舊邑城南一里(『大東地志』, 忠南大學校 百濟研究所, 1982, pp.428-429.)
13) 이진영, 「1980년대 全羅道 古阜地域의 농민봉기와 그 의미」, 『古阜文化圈의 再認識』, 정읍시, 2000, p.109.
14) 이진영, 「동학농민혁명, 수탈과 시대를 넘어」, 『전북의 역사와 문화』, 서경문화사, 1999, pp.224-246.
15) 정읍문화원, 『古阜鄕土誌』, 정읍문화원, 2002, p.298.
16) 나종우, 「遺蹟과 遺物을 통해 본 古阜의 歷史的 變遷」, 『古阜文化圈의 再認識』, 정읍시, 2000, pp.210-211.
17) 진정환, 「井邑地域 百濟系 佛像 考察」, 『文化史學』 27, 2007, p.468.

18) '정읍문화원, 『古阜鄕土誌』, 정읍문화원, 2002, pp.329-336'의 내용을 중심으로 요약 정리함.
19) '김동필, 『정읍의 전설』, 정읍문화원, 2001 ; 정읍문화원, 『古阜鄕土誌』, 정읍문화원, 2002, pp.136-161'의 내용을 중심으로 요약 정리함.

【 참고문헌 】

1. 자료

『周書』『三國志』『三國史記』『高麗史』『朝鮮王朝實錄』『新增東國輿地勝覽』『古阜郡邑誌』『湖南邑誌』『全羅北道各郡邑誌』『輿地圖書』『增補文獻備考』

『大東地志』, 忠南大學校 百濟研究所, 1982.

2. 단행본

국립전주박물관,「정읍 지역의 선사·고대문화」,『전북의 역사문물전 Ⅵ: 정읍』, 국립전주박물관, 2006.

국토해양부,『한국지명유래집』전라·제주편, 국토해양부 국토지리정보원, 2010.

김동필,「정읍의 전설」, 정읍문화원, 2001.

동학농민혁명기념사업회,『전북의 역사와 문화』, 서경문화사, 1999.

박현숙 외,『古阜文化圈의 再認識』, 정읍시, 2000.

정읍문화원,『古阜鄕土誌』, 정읍문화원, 2002.

최병운 외,『전북역사문헌자료집』(삼국시대·남북국시대·고려시대), 전라북도, 2000.

최현식 외,『井邑市史』上, 井邑市史發刊推進委員會, 2010.

韓國精神文化研究院 人文研究室,『韓國口碑文學大系』5-5: 全羅北道 井州市·井邑郡篇 (1), 高麗苑, 1897.

3. 논문

김병남,「정읍 고부의 지역적 형성과 변화 과정」,『전북사학』31, 2007.

나종우,「유적과 유물을 통해 본 고부의 역사적 변천」,『동서사학』8, 2001.

이진영, 「동학농민혁명, 수탈과 시대를 넘어」, 『전북의 역사와 문화』, 서경문화사, 1999.
진정환, 「井邑地域 百濟系 佛像 考察」, 『文化史學』 27, 2007.

4. 웹사이트
고부면사무소: dong.jeongeup.go.kr/gobu
전라북도청: www.jeonbuk.go.kr
정읍시청: www.jeongeup.go.kr
문화재청: www.cha.go.kr
한국관광공사: kto.visitkorea.or.kr

두승산 유선사의 신선사상

송 화 섭

Ⅰ. 백제 중방성(中方城)의 치소는 고부 영원(瀛原)

　고부하면 떠오르는 단어가 고부농민봉기이지만, 그 배경에는 두승산이 있다. 두승산에는 백제의 기운이 깊게 스며있다. 전라북도에서 고려시대의 백제계 석불·석탑이 집중 분포하는 곳이 고부다. 백제의 중방성이 고부에 있다는 설이 학계의 공통된 견해다. 백제가 중방성을 고부에 설치한 것은 정치적, 군사적 요인이 고려되었을 것이다. 중방성의 고부 설치는 백제시대에 고부가 그만큼 중시되었음을 의미한다.
　사비백제는 왜 고부를 그토록 중시하였을까. 고부는 전남과 전북의 경계지점에 위치한다. 전남 나주 중심의 고분군은 마한 세력의 상징적 분묘로서 마한의 색채가 강하게 드러나는 반면, 정읍, 고부, 김제, 익산은 백제의 색채가 강하게 드러나는 지역이다. 사비백제는 전남지방의 마한세력을 감시, 통치하는데 거점이 필요하였을 것이고, 그 거점을 고부에 둔 것이다. 고부는 5~6세기경 백제와 마한의 경계지점이었을 것이다. 최근 고창 봉덕리 고분에서 마한의 주구묘가 발굴되었다. 이 주구묘는 5세기경 백제시대에 고창에 강력한 마한세력이 웅거하였음을 보여주는 고분이다. 백제 횡혈식 석실고분에서 옹관묘를 부장하는 것도 전남지역 마한세력의 위상을 보여준다. 백제가 마한을 공략한 이후, 사비백제 시기에 마한과 백제의 실질적인 경계지는 고부와 고창의 중간 지대였음을 보여준다. 고부의 중방성은 백제의 지방 통치 방식 및 마한과 관계를 보여주는 지방 거점 도시의 실상이다. 백제 중방성에는 약 1만여명의 군대가 주둔하였고, 책임자는 백제 16관등 중 두 번째 관등인 달솔(達率)이었다.

　정읍 소성면 보화리의 석불입상 2구는 백제 지배층의 중방성 파견을 의미하고, 백제 불교가 중앙에서 지방으로 파급을 보여준다. 백제가 중국과 문물교류를 위하여 해상교통의 거점지역인 태안, 서산, 예산에 마애불과 석불상을 조성하듯이, 사비백제 시기에 마한 통치의 거점 지역인 고부에 불상 조성을 통해서 백제정신을 보급하는데 역점을 두었음을 알 수 있다.

　고부지역에서 백제계 불상으로 분류되는 곳은 용흥리 석불입상과 백운암 석불입상이다. 백제계 불상은 신라말 고려초에 조성된 것으로 보인다. 나말여초기에 고부지역의 백제계 석불과 석탑은 백제 중방성 세력들이 구축해놓은 백제문화의 부활을 의미한다. 나말여초기에 백제역사계승을 가진 지방세력이 중방성을 부활시킨 것으로 보아야 한다. 나말여초기에 고부를 장악한 세력은 후백제이다. 견훤은 고부에 위치하였던 중방성(中方城)에 깃든 백제의 미륵사상을 부활시키는 의미에서 미륵불을 고부에 조성한 것으로 보인다. 따라서 고부지역의 백제계 불상·불탑은 후백제시기에 조성된 불상·불탑일 수 있다.

고부가 정읍에 위치하고 있지만 서남해 해륙교통의 중심이었다. 백제 중방성은 정읍 역사의 중심이 고부에 있었음을 말해주는 것이며, 백제의 정촌현도 고부에 있었던 것으로 보인다. 고부의 중방성이 서남권의 마한세력을 통치하고 감시하는데 전략적 요충지였다. 사비백제 시기에 사비 도성에서 고부까지 왕래할 수 있는 교통로는 해상교통이 매우 용이하였을 것이다. 고부는 동진강 지류에 위치한 대포까지 조수가 들어와 수로교통이 매우 용이한 곳이었으며, 줄포만을 통해서도 해상교통의 접근이 용이한 곳이었다. 부안 죽막동 해양제사유적이 말해주듯이, 5~6세기경 백제가 고부를 거점으로 마한세력을 통치 지배할때에 해륙교통로(海陸交通路)을 최대한으로 활용한 것으로 보인다.

그런데 문제는 백제의 중방성이 어디에 위치하였느냐다.

『신증동국여지승람』에 고부군은 백제의 고사부리군(古沙夫里郡)이라 하였다. 고부군의 영역은 동으로 태인현, 남으로 흥덕현, 서로 해안, 북으로 부안현까지 광범위한 지역이다. 백제 중방성이 관장하는 영역이 얼마나 넓었는지 모르지만, 백제의 지방거점도시로서 정치적 위상을 갖고 지방통치의 중심적 역할을 수행하였을 것이다. 따라서 오방성가운데 중방성이지만 백제의 영역에서 매우 중요한 위치에 있었고, 거점도시였기에 백제의 문화와 사상도 직접적인 영향을 받았을 것이다.

중방성의 치소성을 추적하기 위해서 문헌을 들춰보니 『삼국사기』에는 고묘부리군(古眇夫里郡), 『신증동국여지승람』에는 고사부리군(古沙夫里郡)이 등장하고, 『북사』 백제전에는 고사성(古沙城)이 등장하고, 『일본서기』에도 고사산(古沙山)이 등장한다. 고사부리군 행정구역에 고사성이 있었던 듯하다. 고사부리군에는 '夫里'라는 지명이 들어 있다. 부리 지명은 백제시대 고창의 지명인 모량부리현(牟良夫里縣)에도 들어 있다. 제주도 한라산의 오름 명칭에도 삼궁부리가 있다. 부리는 군현의 치소가 평지보다 높은 구릉지대의 산정에 위치하는 곳을 가리키는 것으로 볼 때, 고사부리군은 현재 고부 성황산 정상부에 위치하는 구읍성을 가리키는 것으로 보인다.

두승산의 지맥은 동쪽으로 망제봉으로 내려가고, 북쪽으로 천태산으로 내려가고, 서쪽으로 성황산으로 내려갔다. 이 두승산 기슭에는 이미 마한시대부터 사람들이 몰려들어 둥지를 틀었다는 유물 유적이 다수 분포하고 있다. 망제봉 기슭의 시암실(샘실=井村)은 백제의 정촌현이었고, 천태산 자락에는 중방성이 들어선 것이다. 중방성인 고사성은 두승산의 지맥이 내려온 천태산 서남쪽의 고사비성을 가리키는 것으로 볼 수 있으나, 현재까지는 성황산의 고사부리성을 고사성으로 보는 시각이 강하다.

그러나 백제 중방성 당시 고사성이 영원면 소재지에 있을 가능성도 배제할 수 없다. 왜냐하면 영원면 은선리 천태산 자락에는 백제 고분 200여기가 빼곡하게 들어 차 있기 때문이다. 천태산은 두승산의 지맥으로 영원면 소재지 은선리의 주산 격이다. 두승산의 지맥이 신선봉을 거쳐 천태산에 와 멈추었다. 따라서 고사부리군의 고사성은 백제시대 고분유적이 산재하고, 동진강의 강줄기인 눌제천이 깊숙하게 들어와 있어서 중방성의 치소로서 매우 좋은 지리적 여건을 갖고 있다. 두승산에 석성이 있다고 했는데, 영주의 옛 성(舊城)이라고 하였는데, 영주성과 다른 승고산성이다. 승고산성은 고려초에 영주에 파견된 관찰사의 치소였던 것으로 보인다.

백제시대 중방성이 고사부리군의 고사성(고사비성)에 있었던 것은

은선리 고분

아닐까? 고사비성이 위치하는 영원면 은선리권을 살펴보자.

 2002년 정읍문화원에서 발간한 『정읍향리지』에는 은선리는 갈신리, 두만리, 신탑리, 지사리, 모산리 5개 마을을 1914년 개편때에 하나의 행정구역으로 통합하여 영원면에 편입시켰다. 은선리의 주산은 천태산과 신선봉이며 모산리 마을앞까지 바닷물이 들어왔다고 기록해놓았다. 천태산 은선리에는 백제계 3층 석탑이 위치하여 백제문화의 기운이 감도는 지역이다. 은선리 탑립마을은 성지, 불적, 고분 등 사적이 많은 지역이다. 천태산 자락에는 200여기에 가까운 백제시대 횡혈식 석실고분이 분포하고 있다. 횡혈식 석실고분은 백제의 전형적인 고분 형태다. 천태산 자락의 고분군은 익산 웅포고분군을 연상시킨다. 웅포는 금강변에 위치하여 곰개나루라고 부르는 지역인데, 웅진시기 해상활동과 연계된 지방세력이 조성한 고분이라 할 수 있다면,

은선리 3층 석탑

영원 은선리·지사리 고분군은 사비시기 백제고분군이라고 한다. 은선리 백제고분군은 사비백제 시기에 백제의 지배세력이 파견되어 마한세력을 감시,통제하는 정치적, 군사적 거점지역이었음을 보여준다. 천태산 자락의 백제 고분군은 천태산 은선리 일대에 중앙에서 파견된 지방관리와 함께 지방세력의 활약기반이었음을 말해준다. 은선리의 석실고분군은 백제시대 중방성의 치소성이 천태산 자락의 은선리에 위치하였음을 시사한다. 정읍 지역사학자 곽형주는 은선리 토성이 '중방고사성의 치소'라고 강조하고 있다.

백제 사비시기의 중방성을 영원면 은선리에 두었다면, 백제의 중앙관료, 귀족 등 지배층이 영원으로 파견되었음은 쉽게 추정할 수 있다. 천태산 주변 백제석실고분군은 사비백제시기의 지배층의 성향을 보여주는 고분들인데, 관료와 귀족들이 영원(瀛原)에 파견되면서 그들이 향유하는 백제문화와 사상도 전파해온 것으로 보인다. 백제 사비시기의 수도 부여에서 금강을 타고 동진강유역으로 들어와 배를 타고 고부로 들어오는 것은 그리 어렵지 않은 일이었다. 영원면 은선리 모산마을까지 潮水가 들어왔고, 大浦라는 포구가 위치하고 있다.

고대국가에서는 해상교통 및 수로교통이 내륙교통보다 훨씬 수월

하였다. 은선리 모산마을까지 바닷물이 들어왔다고 하니, 동진강의 물줄기가 내륙 깊숙한 곳까지 들어왔다. 고부의 눌제천(訥堤川)이 모천(茅川)과 합류하여 동진강을 이루어 바다로 들어가니, 눌제천을 통해서 조수가 영원까지 들어온 것이다. 중방성은 군사전략의 거점지역이라기 보다는 중앙정부의 관리를 지방에 파견하는 정치적인 거점도시였을 것이다. 중방성의 역사는 백제 멸망과 함께 멈추었지만, 왜 백제가 고부를 중시하고 중앙의 관리들을 파견하였는지를 파악하는게 중요하다.

  신라가 통일 이후에 각 지역에 5소경을 설치하였는데, 이미 백제는 그보다 앞선 사비 시기에 5방성을 각 지역에 설치하였다. 통일신라 정부가 남원에 남원경을 설치하였듯이, 사비백제의 왕권은 고부에 중방성을 설치하였다. 남원경과 중방성의 설치 목적은 지방통치였다. 남원경이 통일신라의 작은 왕경이듯이, 중방성도 백제의 작은 궁성이라 할 수 있다. 백제의 사비정권은 고부 영원에 중방성을 설치하면서 지배층을 파견하였고, 백제 지배층은 백제의 문화와 사상도 동반하여 고부에 정착시켰을 것이다.

  고부지역에 보존되는 도불적 문화유산이 그것이다. 도불(道佛)은 도교와 불교가 결합된 방식인데, 백제불교에 깃든 중국 도불문화가 고부에 깊게 스며있다. 백제의 도불문화유산은 백제계 석불, 석탑과 천태산, 신선봉, 은선리 등에서 엿보인다. 고부지역에서 고려초 석불·석탑은 용흥리 석불입상, 백운암 석불입상, 남북리 석불입상, 후지리 탑동 석불좌상, 무성리 석입입상, 망제동 석불입상, 은선리 3층석탑, 장문리 5층석탑, 남북리 5층석탑, 용흥리 혜정사지 석탑, 천곡사지 7층석탑 등이다. 이러한 석불·석탑이 고부에 조성된 배경은 백제 중방성의 정신사상이 라말려초 시기까지 강력하게 전승되었음을 의미한다.

고부의 문화유산을 살펴보면 백제 중방성 당시 백제의 정신사상이 무엇이었는지를 가늠케 한다. 왜냐하면 고부에는 백제계 불상, 불탑 외에 도교와 관련된 지명이 은선리를 중심으로 깊게 스며있기 때문이다. 고부 영원에는 천태산과 신선봉 아래에 은선리(隱仙里)가 위치하고, 그 언저리에는 백제 고분군들이 다수 분포하고 있다. 백제시대 은선리, 지사리 고분군의 주인공들이 신선사상을 향유하였기에 중방성 지역에 신선 관련 지명이 남아 있었다고 보여진다. 중국의 신선사상이 백제시대에 부여에 전파되었고, 부여의 신선사상이 중방성의 거점이었던 고부에 영향을 미친것이다.

　천태산은 중국 절강성의 천태산을 본떠 옮겨온 것으로, 숱한 도인들이 신선이 되기위하여 입산하여 수련했던 곳이거니와 선녀들과 신선들이 살았다는 무수한 동천(洞天)들이 도처에 있으며, 불로장생의 단약(丹藥)을 만들어 먹고 살면서 신선이 되고자 도인들이 몰려들었던 명성높은 무릉도원이다. 천태산(天台山)은 천태종의 본산이기도 하거니와 마고신선의 본향이다.

　우리나라 마고할미는 모두가 '천태산 마고할미'의 신격을 갖고 있다. 천태산의 마고할미는 산신이다. 마고가 늙어서 할미가 된 것이니, 꽃다운 나이 18세의 마고는 예쁘고 아름답기 이를데 없었다. 사비백제 시기의 신선사상은 마고신선과 같이 매우 신선하였을 것이다. 천태산 지명은 백제가 중국 남조국가들과 교류를 하면서 천태산의 신선사상을 받아들였다고 보여진다. 부여 궁남지에 있는 가산을 방장선산이라 하였으니, 사비시기 도교의 성행은 생각보다 광범위하게 확산되어 있었던 것으로 보인다. 천태산이 고부 영원에 위치하고, 은선리, 신선봉 지명은 백제 중방성 당시 고부 영원에서 신선사상이 풍미하였음을 말해준다. 영원(瀛原)의 지명은 신선사상(瀛)의 원형(原)이란 뜻을 함축하고 있다.

　현재 영원은 영원(永元)으로 쓰고 있지만, 『신증동국여지승람』 고부군 역원조에 영원역(瀛原驛)이 등장하고, 조선 후기 고지도에도 영원(瀛原)으로 표기되어 있다. 영원(瀛原)이 일제 강점기에 영원(永元)으로 바뀐 것이다. 영원의 지명에는 신선사상의 근원이 깃들어 있고, 영원의 은선리, 신선봉, 천태산 지명에서 백제 신선사상의 맥을 짚어 볼 수 있다. 두승산도 瀛州山이라 하였고, 영주라는 지명이 사용된 것으로 볼 때 중방성 설치 시기에 백제의 신선사상이 고부에서 풍미하였음을 알 수 있다.

　이제 영원(永元)에서 영원(瀛原)으로 돌아가자. 조선후기 고지도에도 영원으로 표기되었는데, 일제 강점기에 永元으로 바뀌었다. 영원은 정체성이 없는 지명이니 본래의 지명인 瀛原으로 바꾸어 보자. 지명의 전환은 단순한 지명 변경이 아니라, 앞으로 영원을 어떻게 이해하고, 어떠한 방향으로 지역사를 연구해야 하는지 방향설정의 계기가 마련될 것이다. 그동안 고부 지역의 불상, 석탑을 '백제계'라는 수식을 붙였지만, 이제 역사적 사실 규명이 필요하다. 사비백제 시기에 고부 지역에서 풍미하였던 신선사상을 어떻게 이해하고 읽어볼 수 있는 것인지를 길을 열어야 한다.

　따라서 고부지역에서 백제의 신선사상을 들여다보고자 한다. 지나친 욕심일까 하지만, 언제까지 백제 중방성의 역사를 이대로 방치할 수는 없는 일 아닌가 한다. 이제 그 길을 여는데 함께 지혜를 모아보아야 한다.

Ⅱ. 백제의 삼신사상과 용봉금동대향로

1. 부여의 삼신산과 중국의 삼신산

『삼국유사』권2 남부여 전백제 북부여조에 "군중에는 일산(日山)·오산(吳山)·부산(浮山)이라는 삼산(三山)이 있는데, 백제의 전성시대에 그 산위에서 신인(神人)들이 조석(朝夕)으로 날아다녔다."는 기록이 있다. 삼산은 사비백제의 도읍이었던 부여에 위치한다. 삼산가운데 오산은 부여읍 능산리와 염창리에 걸쳐 있는 해발 160m의 산을 말하고, 부산은 백마강 강안인 부여군 규암면 진변리와 신리 경계에 있는 해발 170m의 산이다. 그리고 일산의 위치는 오산과 부산이 서로 일직선 상에서 연결되는 부여읍 구아리·쌍북리·가탑리·동남리에 걸쳐있는 금성산으로 비정하고 있다. 사비시대에 백제의 삼산은 부여를 중심으로 형성된 신산이다.

백제의 삼산은 신라의 삼산에 비유된다. 신라는 통일신라 시기에 경주 중심의 삼산오악(三山五岳)을 배치하였다. 신라의 삼산은 나력·골화·혈례인데, 나력은 습비부가 있었던 곳으로 현 경주 시내에 위치하고, 골화는 영천으로 비정하고, 혈례는 흥해로 비정하고 있다. 백제의 삼산은 부여읍에 위치하고 있으나, 신라의 삼산은 경주시의 외곽에 둔 차이다. 신라의 삼산은 대사(大祀)의 대상으로 산신에 대한 제장(祭場)의 성격이 강하지만, 백제의 삼산은 신선이 거처한다는 神山의 성격이 강하다.

백제에서는 신인이 삼산의 꼭대기에 살고 있었는데, 신인들이 날아서 서로 왕래하기를 조석으로 끊어지지 않았다고 했다. 신인은 신선을 가리킨다. 신선들이 백제의 수도인 일산·오산·부산 삼산의 산 위를 조석으로 날아다녔다는 사실은 사비백제 시대에 도가의 삼신산 숭배가 성행하였음을 보여준다.

중국의 삼신산은 영주·봉래·방장을 가리킨다.『사기』봉선서에 "봉래·방장·영주의 삼신산은 발해가운데에 있다고 전해오는데, 그곳에 가면 선인을 만날 수 있고 불사지약이 구해올 수 있다고 하였다. 진시황은 방사 서복에게 발해에 가서 불사약을 구해오게 한 것도 삼신산의 仙人說에서 비롯하였다. 삼신산에는 선인이 살고 불사약을 구할 수 있기에 영생을 누린다는 것이다. 그동안 중국의 산동성에서 불사약을 구해오라고 보낸 서복이 한반도에 왔다는 진실되지 않는 이야기가 설왕설래하였다. 해남의 암각서가 서복이 쓴 글씨라거나 제주도에 서복의 자취를 발견하였다는 주장은 허황된 이야기에 지나지 않는다. 삼신산은 渤海에 있다는 3개의 海中神山을 말하는데, 이야기만 전해올뿐 그 실상은 밝혀진바가 없다.

중국의 신선설은 전국시대 말기에 사후관이 변화하면서 혼백 인식에서 비롯되었다. 사람이 죽으면 혼(魂)은 하늘로 올라가고, 백(魄)은 땅으로 들어간다는 관념이 형성되었다. 선(仙)은 사람이 산에서 산다는 믿음이 확산되면서 선인(仙人)에 대한 동경이 시작하였다. 더나아가 불사 관념의 확산에 따라 사람이 죽으면 산으로 가서 선인이 되어 장생할 수 있다는 풍조가 생겨났다. 깊은 산의 선경에서 영생을 누릴 수 있다는 관념이 점차 정착되었다.

한대(漢代)에 들어서서 제후들은 사후에 영혼이 승천하는 것보다 생전에 선인이 되어 낙원같은 신선세계에서 살고 싶었다. 중국 고어에서 선(仙)은 선(仚)으로 쓴다. 선인은 사람이 높은 산으로 들어가서 기거하는 사람을 가리킨다. 중국의 영향을 받아 백제에서도 선인은 영원히 죽지 않고 신선이 되어 영생을 누린다는 관념과 하늘을 날아다니며 높은 산에서 산다는 신인 관념이 있었다.

『삼국유사』권이 기이편의 "신인들이 조석으로 삼산을 날아다녔다." 가 중국 도가의 신선설이 백제의 도래를 말해준다. 백제인들이 중국 도가의 신선사상을 받아들인 것은 문헌기록 외에 용봉금동대향로에서 보다 구체적으로 드러난다. 용봉금동대향로는 중국의 박산향로를 본떠 만들었다. 향로는 기본적으로 제사용구이다. 백제 사비기 능산리사지에서 발굴되어 사찰에서 사용된 향로이지만 불교와 도교의례에서도 공히 사용된 향을 피우는 제사용구이다. 백제 용봉금동대향로에는 산간에서 생활하는 선인들이 묘사되어 있기도 하고, 산간 정상부에서 악사들이 天音을 연주하는 모습도 나타난다. 천음은 곧 범음(梵音)이기도 하다. 범음은 부처님의 공덕을 찬양하는 음악이기도 하고 선악이기도 하다. 선악(仙樂)은 신선사상을 찬양하는 음악이기 때문에 딱히 불교의 음악이냐 도교의 음악이냐로 구분지을 일은 아니라고 본다.

부여에서 신인들이 삼산을 날아다녔다는 기록은 백제시대 부여의 왕족, 귀족들이 신선사상을 향유하고 신선세계를 얼마나 동경하였는지를 알 수 있다. 삼산의 기록은 용봉금동대향로 외에 부여 외리에서 출토된 산수문전에서도 삼산형 산악이 표현되어 있다. 백제 지배층 사람들이 삼신산에서 거처하면서 신선으로 살고 싶은 신성사상에 심취하였음을 보여주는 조각품들이 다양하게 등장하고 있다. 부여 궁남지를 조성하면서 연못 가운데에 산을 만들고 방장선산(方丈仙山)이라 하였으니 삼신산을 얼마나 동경하였는지를 보여준다.

그럼 사비시기 백제의 걸작품인 용봉금동대향로를 통해서 백제인의 신선사상을 자세히 들여다보자.

2. 삼산오악과 용봉금동대향로

백제의 삼산은 신라의 삼산오악과 다른 도가의 삼신산을 말한다. 용봉금동대향로에는 삼산오악이 묘사되어 있다고 말하는데, 삼산은 발해에 있다는 전설의 신산이다. 백제의 도읍인 부여를 삼신산이 위치하는 선경의 세계와 같이 꾸미고자 함이었을 것이다. 부여읍에 실재하는 오산·일산·부산을 봉래·영주·방장의 삼신산으로 설정하였음을 보여준다.

용봉금동대향로는 용 형상의 좌대에 봉황이 앉은 신선세계를 조형해놓았다. 삼신산이 해중신산이라면 용은 해중영물이다. 불교에서 용궁의 주인공이 용왕이다. 용궁은 연못 속에 있을 수 있으나, 바다에도 용궁이 있다. 용봉금동대향로는 용 형상은 바다의 상징이다. 바다에 떠 있는 연화장엄한 신선세계를 묘사한 것이다. 이러한 사실은 향로 동체에 산과 산 사이에 잔잔한 파도의 바다를 묘사한 표현에서 알 수 있다.

그런데 해중신산은 삼산인데, 왜 용봉금동대향로에는 오악을 표현하고 각 봉우리에 신조 한 마리씩을 앉혀놓을 것일까. 오악에는 다섯 악사(樂士)가 악기를 연주하는 모습으로 조형하였을까. 오악은 오신산(五神山)으로 보아야 하고, 새는 불사조로 보아야 하며, 오악사는 천음(天音)을 연주하는 선인(仙人)들이다.

삼신산은 오신산에서 나왔다. 오신산은 『沖虛至德眞經四解』권 12에 등장한다. 오신산(五神山)에는 선인들이 살고 있는데, 다섯명의 선인들이 악기를 소유한 채 천음을 연주하는 악사 모습으로 표현되었다.

오신산 이야기는 대략 이러하다. "발해 동쪽으로 몇 억만리인지도 모르게 멀리 떨어져 있는 곳에 엄청나게 커서 바닥이 없는 골짜기가 있었다. 이 지상에 흐르는 모든 강물은 물론 하늘에 있는 강물까지 온갖 하천이 모두 골짜기에 흘러내리고 있지만 바닥이 없으므로 결코 넘쳐나는 일이 없었다. 그 골짜기 가운데에는 대여(岱輿)·원교(員嶠)·방장(方丈)·영주(瀛洲)·봉래(蓬萊)라고 하는 다섯 개의 산이 높이 솟아 있었다. 그 산들은 엄청나게 커서 산록의 주위는 각각 3만리나 되며 그 정상에 있는 평범한 곳의 넓이만 해도 사방구천리에 이른다고 한다. 산과 산 사이의 거리는 7만리나 되지만 워낙 높고 큰데다 함께 솟아있기에 때문에 마치 이어져 있는 것처럼 보였다.

정상에는 훌륭한 선인이 사는 어전이 세워져 있는데, 모두 황금대리석으로 만들어져 있다. 거기에는 각종의 진기한 새와 동물들이 노닐고 있는데, 그것들의 깃털이나 털은 모두 순백색이다. 근처에는 주옥의 나무들이 수없이 자라고 있고, 그 나무들의 꽃이나 열매는 무척 아름답고 비할 수 없이 맛이 좋은데 그것을 먹게 되면 모두가 불로불사(不老不死)하게 된다. 그 곳에 살고 있는 사람들은 선인들이라든지 또는 장래에 선인이 될 자격을 가진 사람들 뿐이다. 그 사람들은 하루에도 몇 번씩 하늘을 날아서 산과 산 사이를 왕래하면 산다. 신인들이 부여의 삼산을 조석으로 날아다니 듯, 오신산의 선인들도 산과 산 사이를 날아 다니는 신통력을 가졌을 것이다. 그런데 백제는 오신산이 아니라 삼신산에서 선인들이 날아다닌 것일까.

오신산에서 삼신산으로 변모한 이야기는 다음과 같이 이어지고 있다.

그런데 이 다섯 개의 산은 산기슭이 서로 연결되어 있는 것은 아니기 때문에 바다의 파도나 조수가 움직임에 따라서 오르락 내리락하여 잠시도 멈추지 않는다. 선인들은 불편하기 짝이 없으므로 천제에게 어떻게 조치를 취해주실 것을 간청하였다. 천제가 살펴보니 과연 산들이 조금씩 흔들리고 있는데 그러다가 자칫 파도에 휩쓸려 서쪽으로 흘러가버려서 선인들이 살곳이 없어져 버릴 염려가 있었다. 그리하여 바다에 살고 있는 상상치도 못할 만큼 거대한 자라 열다섯 마리에 명하여 한차례에 6만 년씩 3교대로 머리를 들어 올려 다섯 산을 지탱하도록 시켰다. 그후로 산은 움직이지 않게 되었다. 그런데 어느날 용왕의 나라에 살고 있는 거인이 와서 다섯 산 가운데 대여와 원교 두 산은 받치고 있는 큰 자라 여섯 마리를 잡아가지고는 하나로 묶어 자기 나라로 돌아가 버렸다. 그 바람에 두 산은 북쪽으로 흘러가 대해(大海)가운데 가라앉아 버렸다. 몇억이나 되는 선인들은 할 수 없이 그들이 살던 곳에서 이주하지 않으면 안되었다.

오신산 가운데 대여, 원교 두 산을 받치고 있는 여섯 마리의 자라가 바다에 가라앉아 버려서 삼신산이 남은 것이다. 다섯 산 가운데 남은 삼신산이 봉래·영주·방장이다. 중국에서 백제에 전래된 삼신산은 방장산·영주산·봉래산이었다. 부여의 일산·오산·부산은 중국의 삼신산에 비유되었던 것인데, 규모면에서는 매우 초라한 해발 높이다. 그러나 백제인들은 부여읍 내에 위치한 삼산 사이를 신인들이 조석으로 날아다녔다고 믿었다. 이러한 믿음은 그만큼 사비백제시대에 중국의 신선사상이 성행하였음을 말해주는 것이라 하겠다. 또한 백제인들이 신

금동용봉대향로

금동용봉대향로

선세계를 동경한 나머지 수도 부여가 선경의 세계로 실현되기를 소망하는 마음의 표현일 수 있다. 능산리 사지 출토의 금동대향로는 사비백제시대 도가의 신선사상이 어떠한 유형이었는지를 보여준다. 용봉금동대향로에는 오신산이 해중신산 임을 보여주는 바닷물 표현이 매우 사실적이다.

용봉금동대향로는 서한의 박산향로를 본뜬 것이지만, 백제인들이 동경했던 선경의 세계를 표현해 놓은 백제사상의 징표이기도 하다. 5명의 신선들이 오악의 산과 산 사이에 앉아서 악기 연주하는 것은 천음의 주악이다. 오악은 대여·원교·방장·영주·봉래로 추정되는 신산이며, 그 신산은 바다가운데에 산과 산 사이에 바닥이 없는 골짜기가 형성되어 있고, 골짜기마다 바닷물이 흘러내리고 있지만, 바닥이 없으므로 넘쳐나는 일이 없다. 금동대향로의 산계곡 사이에 일정한

금동용봉향로 악사장 1

금동용봉향로 악사장 2

금동용봉향로 악사장 3

수위의 물을 차 있음을 묘사해놓았다. 산의 정상에는 선인들이 거처하는 어전이 세워져 있는데, 그 곳에는 각종 진귀한 새나 동물들이 노니는 곳이라 하였다.

금동대향로의 각 봉우리에 새를 장식해놓고 계곡의 산에 온갖 다양한 동물들을 장식한 것도 선경 세계의 표현이다. 금동대향로에 조각된 동물은 사슴, 앵무, 수달, 호랑이, 사자, 악어, 코끼리, 날아다니는 조류 등 실제 생활에서 볼 수 있는 조류와 동물들도 있지만, 긴꼬리달린 새, 날개달린 상상의 동물 등 산해경에 등장하는 기괴한 신수(神獸)들도 장식되어 있다. 그림가운데에는 말을 타고 달리며 뒤돌아보는 사람, 봇짐을 한 선신이 코끼리를 타고 가는 모습 등은 선인들이 동물들을 타고서 선경에서 생활하는 모습을 묘사한 것이다.

오악사들이 연주하는 악기는 완함, 피리, 퉁소, 북, 거문고인데, 선인들이 천상의 연회에서 천음을 연주하는 모습이다. 이 악기들은 중국 운남 여강 나시족들이 연주하는 악기와 닮았다. 사찰의 대웅전 천정에 장식된 악기에도 완함, 피리, 퉁소, 북, 거문고가 포함되어 있다. 범음의 악기는 현악기, 관악기, 타악기 등 다양한데, 서역에서 불교가 전파하면서 범음을 연주하던 악기가 용봉금동대향로에 장식된 것이다. 이 악기들은 도가에서는 선악이요, 불가에서는 범음을 연주하는 연주단이 있었음을 시사한다.

악기가운데 서역의 악기로 추정되는 완함이 등장하고, 코끼리가 등장하는 것을 보면, 사비백제시대에 중국의 남조를 통해서 서역과 남방의 불교를 받아들였음이 반영되어 있다. 오악사의 머리장식이 흥미롭다. 오악사는 모두 민머리를 하였는데, 오른쪽 귀부분에 매듭을 장식하여 범음연주단의 복식을 이해할 수 있도록 묘사하였다.

3. 백제 도성에 무릉도원을 조성하다.

『사기』봉선서에 선인들이 불사의 약을 구하려 했다는 내용 외에 금수들이 많았고, 황금과 은으로 궁궐을 조성하였다고 했다. 중국 한대(漢代)의 통치자들은 신선을 불러들여 불사약을 받기를 소망하는 방안으로 신선술을 주창하는 사람들을 관리로 등용하기도 하고, 방사들로 하여금 삼신산으로 불사약을 구하러 보내기도 하였다. 또 다른 방편으로 선경에 위치한 황금의 궁궐을 궁중에 조성하는 방안도 강구하였다. 한무제는 신선의 도래를 위하여 궁중에 선산을 모방하여 진기한 동식물로 꾸며진 인공섬을 건장궁의 태야지에 조성하여 신선이 도래하여 불사약을 전해주기를 기대하였으며, 황실의 정원인 상림원은 둘레가 200여 리나 되는 광대한 영역에 신지영소를 가진 이궁별관과 누각을 70여개나 건립하고 세계에서 희귀한 동식물을 수집하여 조성한 정원이었다.

백제에서도 중국 상림원(上林園)을 본떠서 선경의 정원을 조성하였다.『삼국유사』백제본기 제5 무왕 35년 "3월에 대궐 남쪽에 못을 파서 20여리의 밖에서 물을 끌어들이고 사면의 언덕에 버드나무를 심고 못 가운데 섬(島)을 만들고 방장선산(方丈仙山)과 비슷하게 만들었다."라고 하였다. 또한 진사왕 7년 "정월에 궁실을 중수하면서 못을 파고 산을 만들고 진기한 새를 기르고 신비스러운 화초를 가꾸었다."고 했고, 동성왕 22년에도 "궁궐 동쪽에 임류각을 세우고 못을 파고 진기한 새를 길렀다."기술하였다. 사비백제에서는 궁중의 선경으로서 궁남지(宮南池)를 조성한 것이다.

궁남지가운데 신산을 조성하고 방장산에 비유시켰다. 동성왕은 궁궐에 연못을 조성한 것에 간관들이 항의하는 글을 올렸으나 대답하지 아니하였고, 다시 간하는 자가 있을까 두려워 궁궐의 문을 폐쇄시켜 버렸다. 이러한 역사적 사실은 백제의 지배층들이 얼마나 선경의 세계를 동경하였는지를 보여주는 단적인 자료다. 백제의 왕들이 선경세계를 조성하는데 집착했던 것은 천자가 천하를 지배하듯이 왕권을 오랫동안 누리고자 하는 욕망은 아니었을까.

부여의 일산·오산·부산을 삼신산으로 상징화한 것은 도성을 선경의 세계로 가꾸고 싶었고, 궁남지는 궁성을 선경의 세계를 가꾸고 싶었던 동경이었다. 인공적으로 물을 끌어들이고 못을 만들고 못가운데에 산을 만들고 진기한 새를 기르고 화초를 가꾸었으니 어찌 용봉금동대향로에 묘사된 선경세계와 흡사하지 않다고 하겠는가. 부여군 내에 일산, 오산, 부산 삼산을 설정하고 삼산에 신인을 거주하게 하고 신인들이 조석으로 날아다니며 서로 왕래하는 것이 끊어지지 않았다는 표현도 선경세계의 현실적 구현을 의미한다.

따라서 부여 외리 출토의 용봉산수문전이나 금동대향로에 선경세

궁남지

계를 조각하는 것으로 끝난 것이 아니라, 실제 사비백제시대에 부여에 신선세계가 구현되기를 소망하는 왕실 주도의 국가적 프로젝트가 진행되었음을 알 수 있다.

용봉금동대향로의 인면조신(人面鳥身) 조각은 삼산의 신인들이 아침 저녁으로 삼산을 날아다니며 서로 왕래하는 모습의 표현이 아닐까. 이러한 용봉금동대향로의 문양과 장식 그리고 용봉산수문전과 부여의 궁실 연못 기록은 백제 지배층에서 도교의 신선사상을 매우 선호하였음을 알 수 있다. 금동대향로에는 수두조신과 인면조신이 등장하는데, 매우 기괴한 모습이다. 이러한 수두조신(獸頭鳥身)은 동물머리를 한 새 형상의 짐승을 말하고, 인면조신은 사람 얼굴한 한 새의 형상을 한 짐승을 말하는데, 지구상에 존재할 수 없는 매우 신령스러운 모습이 아닐 수 없다. 인면조신은 사람이 신격화하여 하늘을 나는 새의 모습을 표현된 것인데, 신선들이 조석으로 삼산을 날아다녔다는 기록으로 볼 때, 도인들이 신선으로 화신하거나 둔갑해서 선경의 세계를 날고 싶은 충동에서 인면조신상을 조각했을 것이다.

또한 백제의 사비시대에 장생불사(長生不死)를 추구하는 운모, 매실과 함께 오석산과 같은 단약(丹藥)이 선약으로 제조되었을 가능성이 있다는 주장이 제기되었다. 사비백제 시기에 단약을 복용하여 장생불사를 추구하던 사람들이 선경의 세계를 날고 싶은 욕망에서 용봉금동대향로에 인면조신상을 조각했던 것 같다. 용봉금동대향로가 능산리 사찰 유적에서 출토되었다. 능산리 사찰은 위덕왕이 부왕 성왕의 추복을 위하여 지은 사찰로 알려졌다. 향로는 제례의 용구에 지나지 않지만, 회려한 선경의 세계를 표현하여 이승과 저승, 도가와 불가를 초월하여 백제인들이 선경의 세계를 얼마나 동경하였는지를 보여준다.

Ⅲ. 백제의 신선사상과 고부의 중방성

　금동대향로는 백제시대 도가의 선경세계를 묘사한 것이지만, 한편 지배층의 사상체계를 들여다 볼 수 있는 중요한 자료다. 금동대향로는 백제시대 중국에서 들어오는 불교와 도교가 도불융합적 종교 형태였음을 보여준다. 『북사』『주서』에 백제에는 僧尼가 있고 寺塔은 많으나 道使가 없다고 하였다. 도사는 도가의 종교적 직능자이다. 도사가 없다는 것은 백제에는 도교보다 도가의 신선술이 풍미하였음을 말해준다. 백제 불교가 중국 남조국가에서 전래될때에 도불 형태였지 도교가 독자적으로 전파되지 않은 것으로 보인다. 백제에 도가의 신선사상이 전파되었지만, 도교의 교단 조직은 수용되지 않았음을 의미한다. 백제의 지배층이 중국의 도불을 수용하면서 도가의 신선사상을 더욱 선호한 것이다. 이러한 사실은 부여의 삼산에 거주하는 신인들이 조석으로 날아다니며 왕래하였다는 신선술로 알 수 있다.
　중국의 도불사상이 그대로 전해진 것이지, 백제에 도가의 수행공간이 도관이나 교단조직이 정착한 것은 아니다. 중국에서 도교와 불교는 배척이 아닌 조화의 관계였는데, 그러한 불교와 도교의 사상적 융합이 용봉금동대향로에 그대로 드러난다. 중국은 초기불교 단계부터 도교와 불교는 신비적이었기에 쉽게 융합할 수 있었다. 불교의 경전을 번역하는 과정에서도 도교적 시각과 관점에서 해석하므로서 도교와 불교를 혼동하거나 동일시하는 현상도 나타났다.
　용봉금동대향로에는 기본적으로 도교의 선경세계를 현세에 구현한 향로이지만, 도교적 요소와 불교석 요소가 융합되어 나타난다. 백제의 도불사상은 『일본서기』 흠명연간에 왜의 천황이 백제 무왕에게 복서, 역본, 약물을 보내달라고 요청하였는데, 백제의 승려 관륵이 역본과 천문지리와 둔갑과 방술서를 일본에 보내고 있다. 백제의 승려들이 도사의 역할을 하였다. 둔갑과 방술은 모두 도가의 잡술인데, 사비백제시대에 신인들이 조석으로 부여의 삼산 사이를 날아다녔다는 이야기도 잡술에 속하는 양생술(養生術)이다.

용봉금동대향로는 백제 위덕왕대 사비백제의 국가적 사상체계를 읽어볼 수 있는 자료다. 사비백제시기에 백제의 신선사상은 금동대향로 외에도 부여 외리 출토 용봉산수문전에도 나타난다. 용봉산수문전에는 삼산형 산악의 정상에 봉황이 조각되어 있는데, 이 삼산은 오산, 일산, 부산임에는 두말할 나위가 없고, 방장, 영주, 봉래의 삼신산을 지칭하는 것이 분명하다. 부여 궁남지의 섬을 방장산에 비유하였으니, 백제의 삼신산 숭배가 고부 중방성으로 날아든 것은 자연스러운 일이다. 당시 고부의 신산은 고사부리산(두승산)이었지만, 중방성의 치소는 영원에 들어섰고, 부여의 일산·오산·부산을 조석으로 날아다니

용봉산수문전

던 신선들이 고부의 영원으로 날아들었다. 용봉금동대향로에 인면조신(人面鳥身)이 보여주듯이, 부여의 신선들은 난새(鸞)를 타고 영원에 날아들었을 것이다.

고부의 영원에 중방성을 설치하면서 백제의 신선사상도 이전시켰는데, 치소성의 주산격인 천태산, 신선봉, 은선리 지명에서 백제의 신성사상이 깃들어 있음을 알 수 있다. 영원(瀛原)이라는 지명이 신선세계의 근원지라는 뜻이다. 천태산과 신성봉을 배산으로 하는 은선리(隱仙里)는 신선이 사는 고을이란 뜻이다. 천태산 아래 백제고분군은 치소성이 영원에 있었다는 증거라면, 천태산 신성봉의 은선리(隱仙里)는 백제의 신선이 날아와 숨어들었다는 뜻이다. 그 때가 사비백제 시기이다.

백제의 중방성은 신라의 남원경과 같다. 중방성과 남원경은 왕경세력들이 지방에 파견되어 지방통치를 담당하였던 지방도시다. 왕도의 지배층이 중방성에 파견될 때에 사람도 내려오고 그들의 사상과 문화도 동반하여 정착하였다. 왕권 안정 차원에서 중방성을 부여에 설치하지만, 사상적 통합도 중요한 국가안정의 기제였다. 정읍시 소성면 보호리의 석불입상이 불교사상의 이식을 뜻하듯이, 영원면 일대의 도가적 지명은 백제 신선사상에 그 뿌리를 두어야 한다. 영원의 중방성은 사비백제 시기에 지방의 거점도시였고, 당시 백제의 신선사상은 영원면 천태산 주변 백제고분의 주인공들이 향유하였던 사상적 토양이었을 것이다.

Ⅳ. 백제는 왜 고부에 중방성을 두었는가

1. 고부는 전략적 거점지역

고부는 마한 54소국중 고비리국(古卑離國)이 비정되는 곳이며, 백제시대에는 고사부리군(古沙夫里郡)이 비정되는 곳이다. 고비리국은 고부가 넓은 벌판에 위치하는 옛 고을이란 뜻이며, 고사부리군은 구릉지대에 치소성의 성곽이 있다는 해석이다. 고부는 두승산과 그 아래에 넓게 펼쳐진 구릉 평야지대와 동진강의 수로가 일찍부터 고을이 들어서기에 좋은 지리적 조건이었다. 백제의 중방성이 두승산 아래에 들어선 것은 마한과 백제의 경계지점이기도 하고, 해안 인접지역의 농경지대에 우뚝솟은 두승산이 영산이었기에 택지되었다고 보여진다.

사비백제 시기에 고부는 해상교통과 수로교통이 매우 용이한 지역이었다. 두승산은 영주산이라 하였듯이, 당시에도 영산이었고, 고사부리군의 영원이 중방성의 중심지였던 것으로 보인다. 백제는 고부를 마한세력을 감시하는 전략적인 지방도시의 요건을 갖춘 곳으로 활용하고자 중방성을 설치한 것이다.『북서』에 백제의 중방성을 고사성이라 하였다. 고사성은 고사부리군의 치소성이었을 것이다. 고사성이 위치하는 곳은 고사부리산의 지맥이 내려온 영원면 은선리에 고사비성이 아닐까? 고사비성은 은선리에 위치하고, 고사부리성은 고부에 위치한다. 처음에 고사비성에 웅거하였다가 고사부리성으로 중방성의 치소를 옮겨간 것은 아닐까. 어느 곳이 중방성의 치소였는지 더 많은 고민이 필요하지만 은선리의 백제고분군을 무시할 수도 없는 일이다.

두승산은 고부의 진산이다. 마한의 무덤과 주거지가 두승산 주변에

고사비성

분포하는 것을 보면, 마한시대부터 두승산 의 골짜기에 사람들이 들어와 둥지를 틀고 살기 시작하였음을 알 수 있다. 백제 중방성의 고부비정설은 고부가 전략적 요충지를 입증해준다. 동진강의 조수가 영원까지 들어와 해상과 연결된 수로교통이 용이한 곳이었으며, 눌제천의 물길이 드넓은 평야, 구릉지대의 젖줄로서 너른 벌판의 농경지대가 형성되어 중방성을 두었을 것이다.

더나아가 고부가 마한세력과 경계에 있는 남한계선에 있기에 백제가 마한 통제를 위한 전략지로서 고부를 선정한 것은 아닐까. 고부군 영원면에는 고사비성이 있다. 고사비성은 영원면 은선리 좌측 야트막한 산세에 위치하는 포곡식 산성이다. 백제 중방성의 영원면 고사비성설은 영원면 은선리 주변 일대에 백제시대 성곽과 석실고분이 집중 분포가 시사해준다 은선리 일대의 백제고분은 백제이 중방성(지방도시)임을 입증하는데 부족함이 없다.

고부 영원의 은선리 일대가 군사적 전략거점이었음은 『일본서기』

신공기 기사를 통해서 유추할 수 있다.

고사산과 관련하여 『일본서기』 신공기 49년 3월에 다음과 같은 내용이 있다.

"군사를 서쪽으로 돌아서 고해진(古奚津)에 이르러 남쪽 오랑캐인 침미다례(忱彌多禮)를 무찌르고 백제에게 주었다. 이에 그 왕인 초고(肖古)와 왕자 귀수(貴須)가 또한 군사를 이끌고 와서 만났다. 이때 비리(比利)·벽중(辟中)·포미지(布彌支)·반고(半古) 4읍이 스스로 항복하였다. 이리하여 백제왕 부자와 아라타와케 목라근자 등이 함께 의류촌(意流村)에 모였는데 서로 보고 기뻐하며 예를 두텁게 하여 보냈다. 다만, 치쿠마나가히코(千熊長彦)와 백제왕은 백제국에 이르러 벽지산(辟支山)에 올라 맹서하고 다시 고사산(古沙山)에 올라 함께 반석 위에 앉았다."

위의 기록은 왜의 장수 치쿠마나가히코와 백제 근초고왕의 부자가 벽지산과 고사산에 올라가서 맹약을 맺었다는 것이다. 왜의 장수가 남쪽에서 마한을 정벌하면서 올라오고 백제 근초고왕이 군사를 이끌고 남쪽으로 내려와서 벽지산과 고사산에서 만난 것이다. 치쿠마나가히코가 정벌하였다는 비리(比利), 벽중(辟中), 포미지(布彌支), 반고(半古) 4읍은 전라도 해안지역에 위치하는 것으로 보인다. 비리는 보성, 벽중은 김제, 포미지는 나주, 반고는 부안으로 추정하고 있다.

4읍은 마한시대에 강력한 거점세력들이 있었다는 것을 뜻하는데, 벽중은 벽비리국의 도읍지였고, 그곳이 현재 김제읍으로 추정된다. 벽지산은 김제의 성산으로 비정되고, 현재 김제읍이 벽중으로 비정된다. 벽중을 둘러싼 성곽이 벽성이며, 벽지산에는 아직도 토성의 일부가 남아있다. 벽지산에 오르고 다시 고사산에 올랐다는 기록은 백제 중방성이 위치한 전략적 거점이었기에, 고부의 고사부리산에 오른 것으로 보인다.

여기에서 고사산은 고부의 두승산으로 보인다. 영원에 고사비성은 있지만 고사산이란 지명은 없다. 백제 근초고왕과 천웅장언이 오른 곳은 고사산이 아니라 고사(부리)산이었을 것이다. 고사산에 올라 반석 위에 앉았다는 것은 매우 전망이 좋은 곳이었을텐데, 그 반석이 두승산 유선사에 있었다고 하니 맞는 것 같다. 그 반석 위에 유선사의 종각을 세웠지만, 그 곳은 김제, 부안 일대가 한 눈에 들어올 정도로 매우 전망이 좋은 곳이다.

2. 국가경제력은 수리권 장악에 달렸다.

왜 백제는 고부에 중방성을 두었을까 하는 요인 중 하나가 김제 벽골제이다. 백제는 농경지대를 장악하는 방법으로 수리권(水利權) 장악을 시도한 것 같다. 김제는 330년에 축조되었다는 벽골제가 위치한다. 벽골제는 거대한 담수시설의 제방이다. 벽골제는 김제 주변에 대규모의 경작지가 개간되었고, 그곳에 농업용수를 공급할 목적에서 조성된 것이다.

김제는 백제시대 벽골군이었다. 벽골군은 벽골제의 제방이 있는 고장이라서 생겨난 지명으로 보이는데, 벽골제가 벼농사가 풍요로운 황금의 들녘을 이뤄내어 김제라는 지명을 얻게 된 것으로 보인다. 벽골제는 김제는 동으로 금구현, 남으로 태인현, 서로는 부안현, 북으로 만경현까지 경계로 하는 평야에 농업용수를 공급하였다고 볼 수 있다. 벽골제는 드넓은 벼농사 지역에 농업용수를 공급하여 가을에 벼가 누렇게 익은 황금 벌판이 펼쳐지기에 백제에게는 황금의 제방으로 비쳐졌을 것이다. 오늘날 김제 지평선축제가 벽골제방 아래에서 펼쳐지고, 벼가 노랗게 익어가는 10월초 황금들녘에서 펼쳐지는 것도 벽골제의 역사적 전통과 계승이라 할 수 있다.

벽골제는 마한이 쌓았느냐 백제가 쌓았느냐 하는 논란이 있는데, 330년경 백제가 과연 벽골제를 축조하는데 동원되는 각 군현의 노동력을 동월할 만큼 정치적 영향력을 행사할 수 있었느냐도 문제다. 신라 원성왕 6년(790)에 전주를 비롯한 7개 주에서 노동력이 동원되어 벽골제를 증축하였던 만큼 벽골제의 초축도 대규모의 노동력이 동원되었을 것이다. 그렇다면 근초고왕 24년(369)이 백제가 남진정책을 펴면서 벽지산에 오르기 39년전에 벽골제가 축조되었다. 그렇다면 백제가 벽골제가 축조되는 비유왕대에 금강 유역을 넘어 김제까지 진출하였다 하더라도 백제가 대규모의 노동력을 동원할 수 있었느냐 하는 점이다. 백제의 벽골제를 축조했다고 단정짓기도 어려워, 벽비리국의 축조 주도의 가능성을 열어놓을 수 있다. 치쿠마나가히코에 항복한 4읍의 벽중이 벽비리국의 도읍이었다면, 330년경에는 벽비리국이 김제에 건재하고 있었기 때문에 백제 정부의 벽골제 축조설은 신뢰성이 약하다.

벽비리국이 벽골제를 축조 한 뒤에, 농업생산력의 향상은 백제 지배층에게는 정복의 욕망을 불러 일으키기에 충분하였을 것이다. 백제의 중앙정부가 농업경제력의 향상에 고심하면서 개간을 확대하는 경제정책을 추진하는 과정에서 벽골제는 황금의 제방으로 비쳐졌을 것이다. 『일본서기』 신공기에 왜가 4읍을 정복하여 근초고왕에게 바치고 벽지산에 올라서 맹약을 맺었다는 사실은 벽골제의 장악을 의미한다.

백제의 벽골제 장악은 국가경제력 강화에 청신호라 할 수 있다. 4읍을 장악한 치쿠마나가히코와 근초고왕 부자가 벽지산에 올라서 맹서를 하였다는 사실은 벽비리국의 정복과 벽골제를 장악하는 상징적 의미가 있다. 벽골제의 장악은 수리권의 장악을 의미한다. 그리고 다시 고사산의 올라 반석위에 앉았다는 사실이다. 여기에서 고사산은 고사

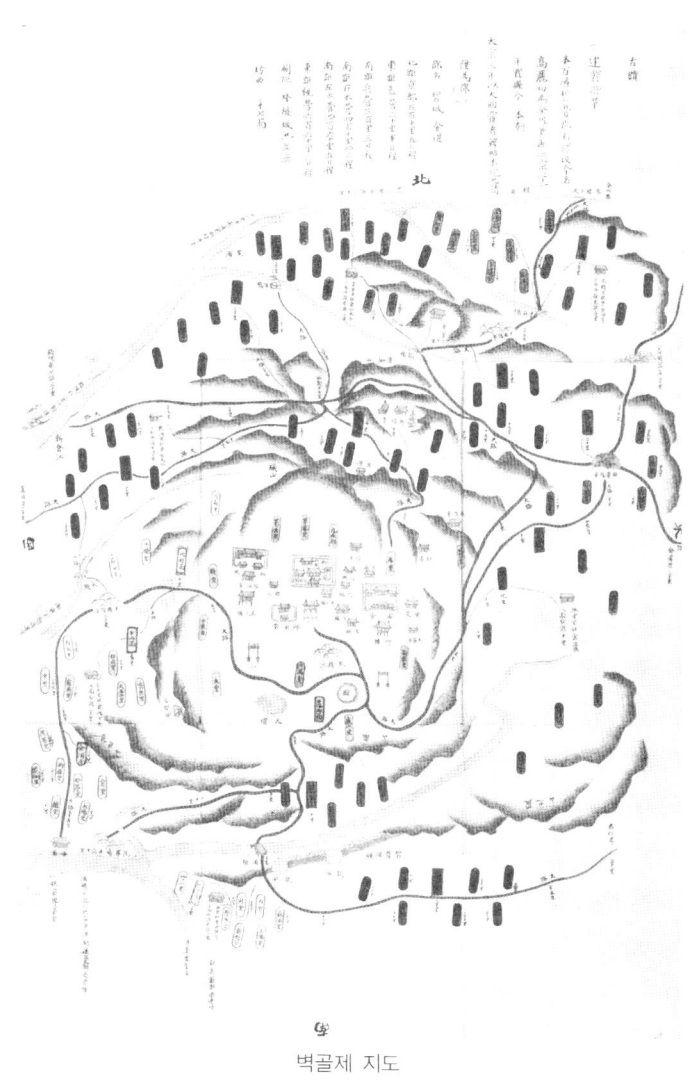

벽골제 지도

부리산을 의미한다.

고사부리산은 현재의 두승산이다. 두승산은 고부의 주산이다. 고사부리산은 고부의 진산(鎭山)이요, 성산(聖山)이다. 치쿠마나가히코와 근초고왕 부자가 함께 고사산에 올라서 맹서를 하였다면 영산(靈山)인 고사부리산에 오른 것이다. 국가 간의 국제적 맹약인데 아무 곳에서나 할 수 있는 것은 아니었을 것이며, 벽지산에서 올라서 맹서를 하고 벽골제를 가로질러 고부의 두승산에 오른 것이다.

고사부리산이 고사산이요 두승산이다. 고부쪽에서 두승산에 오르면 정상 부근에 넓은 암반이 있었다. 그 암반을 너럭바위라고 불렀다. 너럭바위는 꽤 넓은바위란 뜻이다. 고사산에 오른 치쿠마나가히코와 근초고왕 부자가 그 너럭바위에 앉았다. 두승산의 첫들머리에 유선사가 위치한다. 그 암반은 유선사 경내에 있었고, 그 암반 위에 종루를 세웠다. 유선사에서 드넓은 평야를 바라보면 벽골제가 한눈에 들어오고 벽지산도 훤히 보인다. 두승산은 평야지대에 높은 산이 없어서 전망대로서 매우 좋은 기능을 하는 명산이다. 두승산의 암반에 올라서 평야지대를 바라보면, 부안읍과 김제읍, 벽골제는 말할 것도 없고 군산 앞바다와 멀리 익산 미륵산도 한눈에 들어올 정도로 시야가 탁 트인다. 고사부리성은 군사적 전략지로서 매우 좋은 전망대 역할을 하는 곳이다.

벽골제와 벽지산은 익산 미륵산과 고부 두승산 중간 지점에 위치한다. 익산 미륵산과 김제 벽지산과 고부 두승산 사이에 조성된 구릉과 평야 지대는 우리나라 최대 규모라 할 만큼 넓은 평야지대가 조성되어 있다. 익산 미륵산 아래에는 황등제가 조성되어 있었고, 김제 벽골제는 벽지산 인근에 조성되어 있고, 고부 두승산 아래에는 눌제가 조성되어 있었다. 세 곳 모두 농업용수를 담수하는 저수지였다. 그리고

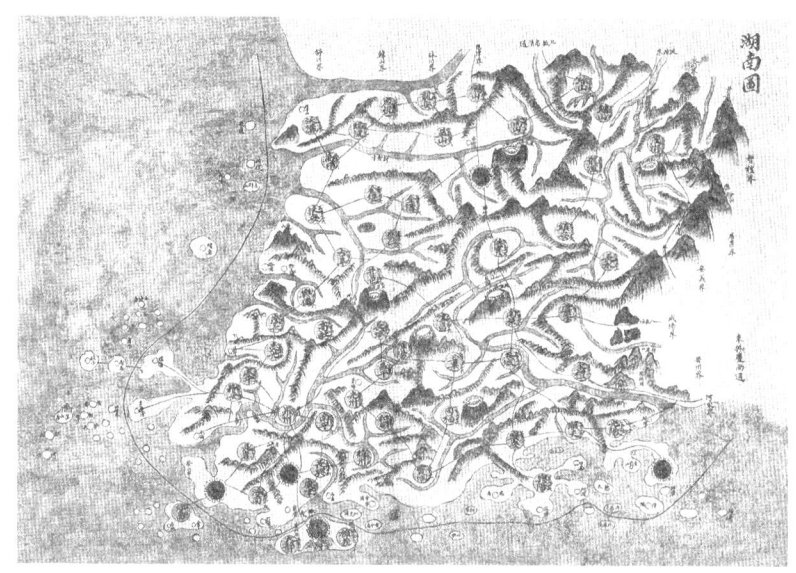
호남도

　세 곳의 저수시설을 농업용수의 담수가 목적이었다. 황등제와 눌제의 축조 연대는 분명하지 않으나, 벽골제의 연대는 분명하다. 그러나 황등제는 익산 지방세력이 장악하였을 것이고, 벽골제는 김제 벽비리국이 장악하였고, 눌제는 고부의 지방세력이 장악하였을 것이다. 세 지역 모두 천수답이기에 수리권을 장악하는 것이 권력의 상징적 수단이었을 것이다.
　고대국가로 올라갈수록 수리권의 장악이 지방통치의 적극적인 수단이었다. 이 세 곳의 저수지를 중심으로 호남이라는 용어가 생겼으니, 세 담수호는 호남을 상징하는 저수지라 아니할 수 없다. 전라도는 전라남북도를 가리키는 행정구역이지만 '호남'이라고 부른다. 호남의 삼호(三湖), 즉 삼호는 황등제, 벽골제, 눌제의 저수지를 말한다. 반계 유형원은 『반계수록』에 호남의 지명 유래를 밝혔는데, 황등제, 눌제,

벽골제 삼호의 아래 남쪽 지역을 '호남'이라고 기록해 놓았다. 이미 백제시대부터 익산, 김제, 정읍은 농업경제력 향상을 위한 매우 중요한 전략적 요충지였다. 이러한 전통은 조선시대까지 이어져 왔고, 그 곳이 호남의 상징적인 공간이 되었다. 익산, 김제, 고부는 단순히 벼생산의 평야지대라기 보다는 해륙교통망을 갖춘 전략지였다.

V. 백제 미륵신앙과 고부 중방성

익산은 왕도는 아니었지만 왕도보다 백제문화가 발달한 곳이었다. 웅진백제, 사비백제라 하듯이 익산백제라 하자. 익산백제가 웅진, 사비보다 더 발달할 수 있었던 것은 마한의 중심지였기 때문이다. 고조선의 준왕이 내려와 터를 잡은 한지(韓地)가 바로 익산이다. 그래서 익산 미륵산에는 기자조선의 준왕이 내려와 쌓았다는 기준산성이 있다. 그 한지가 금마였다. 익산 미륵산 아래에 금마가 있고 백제 별도설의 근거가 되는 왕궁이 그 이웃이다. 백제시대 사찰만 해도 미륵사지, 제석사지, 관궁사지, 연동리사지 등이 있고, 쌍릉이라는 왕릉도 위치하는 곳이다. 쌍릉은 무왕과 선화공주 릉이라는 주장이고, 무덤방도 백제시대 횡혈식 석실분이라는 발굴 성과에 따라 무왕 부부의 陵이라고 믿고 있다.

쌍릉 가까운 곳에 서동이가 태어났다는 마룡지(馬龍池)가 위치한다. 『신증동국여지승람』익산군 산천조에 마룡지에 대하여 "서동대왕의 어머니가 축실하였던 곳이다."라고 기술되어 있다. 고려말 조선초까지도 마룡지는 사료로서 가치가 있었음을 알 수 있다. 현재도 그 마룡지가 존재한다. 마룡지 뒷산이 오금산이고 오금산성이 있는데,

익산토성이다. 오금산성은 서동이가 무왕의 왕위에 오르기 전 신라에서 가서 서동요를 아이들에게 퍼트려 부르게 하고 진평왕의 셋째딸 선화공주를 데리고 와서 거금을 지참금으로 신라에 보내겠다고 자랑하며 보여준 온통 금밭이 五金山이었다. 어머니와 마를 캐고 살던 서동이가 지명법사에게 배운 도술을 펴서 산 전체가 금으로 만든 산이 오금산이었다. 익산백제의 오금산설화는 백제시대 익산지역의 금제련기술을 보면 단순한 전설은 아닌 것 같다.

　오늘날 왕궁에 '왕궁보석박물관'이 있는 것은 익산 금마의 역사를 말해주는 상징적인 박물관이라 할 수 있다. 그런데 서동설화는 정반대의 실상을 보여준다. 서동은 겨우 마를 캐면서 먹고사는 가난한 서민의 인물로 묘사되었으며, 이러한 서동이 백제 무왕의 왕위에 오르는 신화적 인물로 묘사되어 있다. 서동의 어머니는 과부인데, 지룡과 만나서 연정을 나누고 서동을 낳게 된다. 그 지룡이 백제 28대 법왕이다.

　익산 금마에는 궁성과 왕릉과 성곽을 갖추어져 왕도로서 부족한 점은 없다. 다만 익산 금마에서 태어난 서동은 무왕에 즉위한 이후에도 자신의 고향에 대한 애착이 많았다. 무왕의 익산천도설도 행궁 조성과 같은 수준이 아니었을까. 『六朝古逸 觀世音應驗記』에 백제 무광왕이 지모밀지로 천도하고 사찰을 새로 지었다는 표현은 행궁이었지 않았을까. 행궁(行宮)도 왕궁이다. 금마면의 옛 지명이 '모지밀'이었다니, 지모밀지는 지와 모가 뒤바뀐 지명이다. 천도(遷都)는 왕도를 옮긴 것인데, 천도라는 국가적 대업이 어찌 『삼국사기』에 나오지 않겠는가? 별도설보다는 행궁설이 더 설득력이 있을 것이다.

　아마도 무왕에게 익산 금마는 고향이고, 자신을 왕위에 오르게 후원해준 익산지방 세력에게 진 빚을 갚는다는 차원에서 행궁 조성을 추진한 것이다. 왕궁리에 천도에 버금가는 행궁(行宮)을 경영한 것으로 볼 수 있다.『대동지지』에 연혁조에 "본래 백제 금마지인데 무강왕 때에 성을 쌓고 별도의 도읍을 두었다. 금마저라 일컫는다(本百濟今 麻只 武康王時 築城置別邑 稱金馬渚)"라는 기록을 깊이 새겨볼 필요성이 있다.

무광왕이 세웠다는 사찰은 무왕이 창건한 미륵사로 보아야 한다. 미륵사의 위용은 금마 지방세력의 정치적 위상을 보여주는 것이며, 백제 무왕의 왕권이 얼마나 강력했는지를 가늠해볼 수 있는 잣대이다. 미륵사를 이해하려면 사자사(師子寺)를 먼저 알아야 한다.『삼국유사』무왕조에 사자사의 지명법사가 등장한다. 師子寺는 그동안 사자암으로 불려진 암자같은 사찰인데, 미륵산 장군봉의 동남쪽 8부 능선에 위치하고 있다. 20여년전 사자암을 중건하기 위하여 발굴조사에서 '師子寺'銘 암막새가 출토되었다.

『삼국유사』무왕조에 지명법사는 무왕의 사상적 스승이나 다름없다. 미륵사 창건연기설화에서 무왕이 왕비와 함께 용화산 사자사의 지명법사를 찾아가던 중 용화산 아래 연못에서 미륵삼존불이 출현하고 있다. 그 연못을 메꿔서 미륵사를 창건하고 있다. 용화산을 미륵산이라고 부르지만, 용화산 미륵사라고 부르는 것이 맞을 듯하다.『삼국유사』기이편 무왕조에는 미륵사 창건과 관련하여 지명법사의 역할이 등장한다.

어느 날 백제의 무왕이 부인과 함께 사자사에 가기 위해 용화산 아래의 큰 못가에 도착했다. 이때 못 속에서 미륵삼존(彌勒三尊)이 나타났다. 일행은 수레를 멈추고 치성을 드리며 경의를 표했다. 부인이 왕에게 말했다. "여기에 큰 절을 지어주십시오. 저의 간절한 소원입니다." 왕이 이를 허락하였다. 사자사의 지명법사(知命法師)에게 가서 못을 메울 일을 물었다. 법사는 신통한 힘으로 하룻밤 사이에 산을 헐어 못을 메워 평지로 만들었다. 이에 불상과 미륵삼회전(彌勒三會殿)과 탑과 회랑(回廊) 등을 각각 세 곳에 세우고 미륵사(彌勒寺)라고 했다.

지명법사가 좌정하고 계시는 곳은 사자사다. 현재 사자암으로 불려지는 암자인데, 익산 용화산(현재 미륵산으로 불려짐) 8부 능선에 있는 사찰이다. 사자암(獅子庵)은 『삼국유사』에 사자사로 명시되었는데, 사자암을 발굴하는 과정에서 고려 충숙왕 9년에 만든 기왓장에 '至治二年師子寺造瓦'이라는 명문이 나왔다.

따라서 사자암은 고려시대까지도 사자사였음을 알 수 있다. 미륵사상의 관점에서 살펴보면, 사자사는 미륵상생도량이라 한다면, 미륵사는 미륵하생도량이다. 사자사는 미륵보살이 좌정하고 계시는 도솔천 내원궁과 같은 곳이다. 지명법사가 미륵보살이라 할 수 있다. 용화산 장군봉 아래에 위치한 사자사는 기운이 매우 강하게 느껴졌던 곳인가 보다. 후대사람들은 사자사를 사자동천(獅子洞天)이라고 부르고 암벽에 사자동천이라는 명문을 크게 새겨 놓은데서 알 수 있다. 동천은 도인들이 신선의 세계라고 하는 곳에 새겨놓는 도가의 명칭이다.

도솔천 내원궁이 천상의 이상향같은 곳을 말하는데, 사자동천은 도가에서 말하는 천상의 신선세계를 말하는 곳이다. 미륵산의 사자사를 보면, 고부 두승산의 유선사가 떠오른다. 미륵산의 사자암과 두승산의 유선사는 위치하는 곳이나 종교적 성격도 매우 유사하다. 또한 미륵사의 사자암은 백제 무왕대까지 올라가고 있지만, 유선사는 백제시대까기 거슬러 올라갈 자료는 발견되지 않았다.

그러나 백제 근초고왕 부자가 치쿠마나가히코와 함께 고사산에 올라가서 넓은 암반에 앉았다는 점과 그 암반이 유선사 경내에 있다는

미륵산 사자암

두승산 유선사

점에서 유선사는 백제시대 사찰로 볼 수 있지 않을까? 하지만 아직까지 유선사가 백제시대 사찰이라고 단정지을 근거는 찾지 못하였다. 그러나 용화산 사자사와 두승산 유선사는 서로 닮은 점이 너무나 많다. 두 사찰은 문화적 배경이나 종교적 토양이 너무나 흡사하다.

VI. 백제 미륵신앙과 고부농민봉기

익산 미륵사는 한국 미륵신앙의 발상지이다. 백제시대 익산 미륵사에서 꽃피운 미륵신앙이 후대로 내려오면서 김제, 정읍, 고창 지역의 평야지대로 확산되있다. 한국 미륵신앙의 원형과 전개를 보려면 전라북도에 와야 한다. 익산 미륵사의 미륵신앙은 크게 두 축의 구도를 갖고 있다. 하나는 미륵도량의 사상적 구도라 할 수 있고, 다른 하나는 미륵불의 출현 방식이다.

먼저 익산 미륵사의 미륵사상 구도는 미륵상생도량과 미륵하생도량으로 나눠져 있다. 미륵상생도량은 현재 미륵보살이 좌정하고 계시는 도솔천내원궁을 말하는 곳이요, 미륵하생도량은 56억 7천만년 후에 미륵보살이 출현한다는 용화회상의 세계를 말한다. 미륵상생처는 미륵보살이 머무는 도솔천 내원궁으로 용화산 사자사라 한다면, 미륵하생처는 미륵보살이 출현하여 용화수 아래에서 삼회설법의 장이 펼쳐지는 미륵사를 말한다. 미륵사는 삼회설법의 도량을 평면으로 조성한 3원식 가람배치를 보여준다. 익산 미륵사의 미륵사상 구도는 김제 금산사로 옮겨간다.

김제 금산사의 가람구도를 살펴보면, 미륵상생처는 방등계단(方等戒壇)이라면, 미륵하생처는 미륵전(彌勒殿)이다. 방등계단은 사자좌에 석종형 부도가 놓여있는데, 도솔천 내원궁에서 사자좌는 미륵보살의 좌대이다. 미륵보살 대신에 석종형 부도를 앉힌 것은 내세 미륵정토세계에 귀의하라는 상징적 의미가 담겨있다. 미륵사의 삼원식 가람이 평면도라면 금산사의 용화삼회의 가람은 입체적이다. 금산사는 미륵전의 삼층 구조로 건축하여 용화삼회의 설법장을 입체적으로 조성해 놓았다. 미륵전이 용화삼회의 설법장이라는 구도는 각 층의 편액으로 알 수 있다. 1층은 대자보전(大慈寶殿), 2층은 용화지회(龍華之會), 3층은 미륵전(彌勒殿)이란 편액이 걸려 있다. 미륵전은 미륵삼존불이 출현하여 용화회상의 세계가 펼쳐지는 곳이라는 용화삼회의 설법장을 구현해 놓았다.

  백제시대 익산 미륵사의 미륵신앙이 통일신라기에 금산사로 옮겨갔다가 고려시대에 고창 선운산으로 뻗어간다. 김제 금산사에서 고창 선운사로 넘어가는 길목에 고부가 있다. 정읍에서는 고부를 중심으로 미륵불들이 집중 분포하고 있다. 이 미륵불들은 백제 미륵불의 계통이라 할 수 있다. 고창 선운사에는 고려시대로 추정되는 대형 마애불이 조각되어 있다. 이 마애불이 도솔천내원궁의 사자좌에 앉아서 천중들에게 설법하는 모습으로 조각되어 있다. 도솔암 마애불 뒤쪽으로 오르면 도솔천내원궁이 위치한다. 그곳에는 마애불로 출타한 미륵보살을 대신하여 금동지장보살상이 안치되어 있다. 고려시대 도솔암의 마애불이 미륵상생도량이었다면, 대참사(大懺寺)가 미륵하생도량이었을 것이다. 조선후기 선운사에서 천장(天藏), 지장(地藏), 인장(人藏)의 삼장신앙(三藏信仰)이 발달하면서 관음도량이 지장도량으로 번모한 것이지 선운사는 원래 관음도량이었다. 선운사의 삼장신앙은 도솔암 마애불까지 포함시켰다. 선운산 도솔암의 도솔천 내원궁에 지장보살은 도솔천 왕생을 서원하는 미륵하생적인 기도도량을 구현한 것이다.

익산 미륵사의 미륵사상은 전라북도에서 김제 금산사와 고창 도솔암 마애불으로 연결되는 미륵신앙 네트워크를 구축하였다. 백제의 미륵신앙은 왕권강화를 위한 전륜성왕과같은 통치자가 백제말기 사회불안과 민심의 동요를 진정시켜 미륵불국정토를 실현시키려는 정치적 목적으로 활용되었겠지만, 조선후기에 피지배층의 농민들은 스스로 미륵정토세계를 실현할 수 있다는 꿈을 키우는 동력으로 작용한 것이다.

백제의 미륵신앙이 금산사는 미륵상생처인 방등계단에 석종형 부도를 안치시키고, 선운산 도솔암에는 금동지장보살상을 안치시켜 미륵신앙과 지장신앙이 결합한 내세구원의 기도도량으로 조성하는 방향으로 나아갔으나, 조선후기 실학사상이 발달하면서 민중의식이 싹트고 민중문화가 사회적 동력을 얻게되면서 미륵신앙의 몫도 피지배층으로 중심이동이 이뤄졌다.

백제 미륵신앙의 역사적 변천은 내세구원으로 그치지 않았다. 오랜 세월동안 평야지대를 중심으로 미륵신앙의 네트워크가 구축되는 사이에 미륵신앙은 평야지대 농민층에 미래와 희망의 메시아(messiah)로 자리잡게 된 것이다. 불교신앙에서 메시아는 미륵(maitreya)이었다. 국가에서는 미륵을 미래불, 희망불, 당래불이라고 백성들을 현혹하였지만, 농민들은 더 이상 속지 않았다. 내세에 미륵을 만나는 것보다 현세에 미륵을 만나서 미륵정토세계를 실현하고자 하였다. 농민들은 미륵을 찾아 나섰다.

선운산 도솔암 마애불에는 석불비결전설이 전해온다. 선운사 도솔암 마애불의 배꼽속에는 비결이 들어있고, 그 비결을 꺼내는 날에는 조선왕조가 망한다는 이야기다. 오지영의 『동학사』에서 석불비결을 꺼내는 주체가 무장을 중심으로 동학의 포교활동을 전개하던 손화중 접주였다. 1893년 손화중이 이끄는 동학무리들이 단을 쌓고 석불비결을 꺼낸 뒤, 정읍 고부에서 발발한 고부농민봉기가 동학농민혁명의 도화선이 되었고, 그 결과 조선왕조가 망하고 봉건왕조가 해체되는 상황을 맞이하였다.

농민들은 동학의 이념과 강령도 모른 채 동학도가 될수 없었다. 전봉준도 심문을 받으면서 동학을 아느냐고 물었더니 모른다고 대답한 바 있다. 소위 유학자들이 동학을 모른다 하였는데, 더구나 농민들이 동학을 알 턱이 있었겠는가! 그렇다면 농민들이 동학지도자들에게 동조하고 함께 행동을 했던 요인은 무엇이었을까. 동학도는 농민들에게 지배층이 부패하고 몰락해가니 민중 주도의 후천개벽시대를 열자고 다가갔던 것이다.

고부농민봉기에 가담한 농민들은 동학의 교리를 깨달았다기 보다 현세에 미륵을 출현하는 후천개벽시대를 열수 있다는 희망과 기대를 안고 농민봉기에 가담하여 앞장섰던 것이다. 민중의식의 성장에 따른 민중종교가 후천개벽사상(後天開闢思想)의 실천운동으로 표출된 것이다. 고부지역의 농민들은 내세 구원이 아닌 현세 구원을 위하여 미륵향도로 결집하여 사회변혁운동에 앞장선 것이다. 농민들이 주도하여 후천개벽시대를 열자는 이상향의 고부지역에서 꽃피어 고창과 부안 지역으로 확산되고 전라감영에 집강소까지 설치하는 결과를 가져왔다.

또 하나 익산 미륵사의 미륵신앙의 구도는 미륵불의 출현 방식이다. 무왕이 선화공주와 지명법사를 찾아 용화산으로 올라가는 도중에 연못속에서 미륵삼존불이 출현하는 것을 보고 경례를 갖추었다. 연못에서 미륵삼존불의 출현은 池中出現 방식이라 할 수 있다. 이와같은 지중출현 방식은 평야지대 마을미륵이 땅에서 솟아나는 地中出現에 영향을 미친 것으로 보인다.

　마을미륵은 대체로 下體가 땅속에 埋沒되어 있는 下體埋沒佛들이 많다. 하체매몰불은 미륵불의 하체가 땅속에서 묻혀있는 것인데, 이러한 하체매몰불은 언젠가 미륵이 출현하기를 기대하는 심리에서 매몰하였을 가능성이 크다. 화순 운주사에는 거대한 와불이 있는데 미륵불이다. 언제가 미륵이 일어서는 날에 미륵출현이 실현될 것이라는 기대와 믿음에서 일부로 미륵와불을 만든 것이다. 하체매몰불은 미륵출현을 간절하게 염원하는 민중신앙이 반영된 것이다. 하체매몰불은 미륵출현이 이뤄지는 날 새 세상이 도래한다는 미륵신앙의 革世思想을 반영한 석불들이다.

　농민봉기의 횃불을 높이 치켜들었던 고부지역에는 유난히 하체매몰불이 많고, 불두가 없는 두부절단불, 조각난 몸체를 조합한 미륵불 등 깨지고 부서지고 팔이 잘린 미륵불이 산재하고, 아예 고부 남복리 미륵불은 땅속에 매몰되어 있는 석불인데, 보살의 꿈에 현몽하여 땅속에서 꺼낸 석불도 있다. 고부지역에는 백제 미륵신앙의 전통이 깊게 스며있는 곳이다. 백제의 미륵신앙도 중방성 시대에 고부로 스며들기 시작하였을 것이며, 소성면 보화리 석불이 백제의 석불상으로 판명된 것이 예사스럽지 않다.

　정읍지역에는 망제동 미륵불과 고부면 용흥리 석불입상, 고부면 남복리 석불좌상, 영원면 후지리 탑동미륵, 무성리 석불상 등은 대체로 고려시대의 미륵불이다. 또한 영원 은선리 3층석탑, 천곡리 7층 석탑, 고부 장문리 5층 석탑, 고부 남복리 5층 석탑, 고부 혜정사지 5층 석탑 등도 고려시대의 백제계 석탑이란 견해다. 이와같이 고부에는 백제계 미륵불과 백제계 석탑 등이 다수 분포하고 있다. 고부에서 고려시대에 백제계 불상과 석탑을 조성할 수 있는 주체가 누구냐 어떤 집단이

냐가 관건인데, 고부지역에서 백제계라면 후백제를 생각해볼 수 있고, 견훤이 미륵신앙의 신봉자였기에 고부 지역에서 불상·불탑 조성을 주도하였을 가능성이 있다.

그렇다면 위에서 열거한 석탑과 석불은 후백제시대에 고부지역의 지방세력들이 조성된 것으로 보아야 하는데, 그 집단이 영주성 사람들로 보인다. 문제는 고려시대 백제의 미륵신앙을 잇는 역사적 주체가 후백제의 견훤정권 말고 달리 설명할 길이 없다. 고려시대 고부지역의 미륵신앙이 조선 후기 고부농민들이 민중봉기로 꽃이 핀 것이다. 1894년 고부농민봉기는 동학농민혁명이 꽃피운게 아니라 익산백제의 미륵신앙이 꽃피운 것이다. 동학이 미륵사상에서 후천개벽을 차용하여 농민들에게 새로운 미래세상의 도래를 설파한 것일뿐, 동학의 본질은 미륵사상과 다름없는 후천개벽사상이 본질이었다.

고부지역 농민들은 미륵 출현을 갈망하였고, 미륵보살을 신봉하였던 견훤이 미륵보살로 등장한 것은 아니었을까? 후백제의 견훤왕은 고부에서 영주성 시대를 연 인물이다. 백제 중방성 사람들에게 견훤의 출현은 미륵 출현으로 비쳐졌을 가능성이 크다. 견훤은 백제역사의식과 미륵사상으로 무장되었고, 백제의 정신사상사가 하루 아침에 뿌리째 흔들리는 일은 결코 쉬운 일이 아니다. 예부터 뿌리깊은 나무는 바람에 흔들리지 않는다 하였다. 고려시대 고부지역에서 백제 미륵신앙과 백제계 석탑·석불을 조성한 주체는 백제계승의식을 갖고 미륵신앙을 신봉하였던 지방세력인데, 그러한 미륵신앙의 신봉주의자들은 백제의 정신사상을 승계한 후백제 견훤정권의 지방세력으로 보아야 한다.

그렇다면 백제계 석불·석탑은 후백제의 석불 석탑이라 해야 한다. 922년 견훤이 익산 미륵사의 개탑은 견훤정권에서 이뤄진 대 역사이다. 미륵사 개탑은 견훤이 미륵신앙의 신봉주의자였음을 표방하는 것이며, 견훤이 고부에서 백제의 미륵신앙을 부활하는데 견인차 역할을 한 것으로 보인다. 고부에 영주성을 건설하여 새로운 이상사회를 열겠다는 의지로서 석불·석탑의 조영을 주도한 것은 아니었을까? 고부지역에서 미륵신앙이라는 토양이 없었다면 고부농민봉기가 가능하였을까 하는 의문이다. 후백제시대 견훤이 고부지역 농민들에게 희망의 메시지가 미륵신앙이었고, 고려시대 석불 조성으로 구현되었다.

 지금까지는 고부지역의 석불. 석탑의 주체는 고려시대 백제계라고 했을뿐 그 실체는 없었다. 그러나 고려시대에 백제의 역사계승을 자처한 집단은 후백제 밖에 없었다. 고부와 후백제, 과연 연결이 가능한 일인가. 그러나 역사는 지운다고 지워지지 않는 것이다. 유물·유적이 역사를 실증하고 문헌자료가 꿰맞춰진다면 언제든 역사는 복원될 수

고부지역의 고대유몽·산포도 유적지

있다. 후백제의 지방세력이란 표현이 생소할지 모르지만, 견훤이 고부에서 백제의 중방성을 재건하면서 후백제의 왕경 세력을 파견하고 고부에 치소성을 두었는데, 그 치소성이 영주성이다.

Ⅶ. 고사부리성과 후백제 영주성

1. 견훤은 백제의 중방성을 재건하다.

(재)전북문화재연구원은 2007년 정읍 고부 구읍성(Ⅰ)을 발간하였다. 2004년부터 2006년까지 발굴한 결과보고서이다. 발굴조사 결과 고부 구읍성의 초축 시기는 백제시대라고 결론지으면서도 백제의 중방성이라고 단정짓지 못하고 '舊 邑城'이라는 명칭을 사용하였다. 그렇다면 고부 구읍성이 중방성이 아닐 수 있다. 구 읍성은 어느 시대 읍성인지 명확한 연대나 축성의 주체를 밝히지 않았다.

군산대 곽장근 교수는 고부 구 읍성을 축성한 성곽 축조 기법은 전형적인 후백제 성곽 축조 방식이라 하면서 그곳에서 발굴된 초기청자편은 중국제 청자가 아니라 후백제 시기에 제작된 초기청자라고 강조하고 있다. 그는 고부 구 읍성 출토 청자편은 후백제 도성인 전주성(동고산성)에서 나온 청자편과 같은 진안 도통리의 초기청자 계통이라고 주장하고, 그곳이 백제의 중방성이라면 백제 유물이 출토되어야 하나 백제의 출토 유물이 없다는 점을 의아해 한다.

그렇다면 고부 구 읍성은 백제의 중방성이 아니라 견훤이 쌓은 후백제시대의 읍성으로 보아야 한다는 결론에 이른다.

『신증동국여지승람』 고부군 군명조에 고사부리(古沙夫里)·영주

미륵산 사자암

두승산 유선사

(瀛州) · 안남(安南)이 등장한다. 고사부리군는 백제시대의 군명이고, 안남도호부는 고려 광종2년(951)에 고려가 고부에 설치한 행정구역 명칭이다. 그렇다면 영주는 백제시대와 고려왕권 사이에 고부에 설치된 군명이다. 그런데 태조 19년(936)에 고려 정부는 영주에 관찰사를 파견하고 있다. 936년까지 고부를 영주로 불렀다는 근거가 된다.

『湖南邑誌』고부 건치연혁조에 "高麗太祖十九年改稱瀛洲置觀察使"라는 기록이 있으나, 개칭의 주체가 고려정부가 아니라 후백제였다고 보여진다. 이러한 사실을 입증하듯이『瀛州誌』에 견훤이 눌제천의 제방을 쌓았다(甄萱築堰)는 기록이 등장하고 있다. 이 기록은 후백제 시기에 견훤이 고부에 진출하여 대규모 토목공사를 벌여 저수지를 축조한 사실이다. 축언은 고부 눌제(訥堤)이다. 축언 기록과 고부 구 읍성에서 후백제 축성기법과 초기청자 출토는 후백제 견훤정권이 구 읍성을 경영하였음일 분명해 보인다.

936년은 후백제 견훤정권이 몰락하는 해이다. 후백제는 견훤이 왕권을 아들 신검에게 물려준 원년에 갑자기 패망한다. 후백제가 몰락하는 즉시 관찰사를 파견하면서 군명을 새롭게 개칭하였다는 것은 설득력이 없다. 그렇다면 후백제 시기에 고부의 군명은 영주군이었고, 치소성으로 영주성(瀛州城)이 있었다. 그렇다면 고부 구 읍성은 영주의 치소성일 가능성이 크다.

후백제 견훤은 백제 중방성의 재건하기 위하여 영주성을 쌓았다. 백제 중방성의 영원(瀛原)이 후백제의 영주(瀛州)로 부활한 것이다. 왜 견훤은 중방성의 역사를 부활시키려 했을까. 견훤은 완산에 도읍을 정하고 의자왕의 숙분을 풀겠다는 의지로 국호를 후백제라 하였다. 견훤은 백제의 역사와 정신을 잇겠다는 역사계승의식을 갖고 있었다. 이러한 백제의 국가계승의식이 중방성을 재건하는데 더욱 집착하게 만들었는지 모를 일이다.

　견훤은 900년 전주에 후백제 도읍을 정하고 국가를 정비하는 과정에서 대중국 해상교통망을 확보하고 해상권을 장악하기 위하여 백제 중방성을 재건하는데 주력한 것이다. 견훤은 백제의 멸망으로 멈추어 버린 시계바늘을 돌리기 시작하였다. 660년 백제가 멸망한 직후에 영주성에는 통일신라 지방세력이 장악한다. 백제는 3년가까이 부흥운동을 펼친다. 백제부흥운동은 부안 주류성에 치소를 두고 나당연합군을 대상으로 강렬하게 펼쳤다. 이때에 영주성은 통일신라 왕실에서 파견한 본피부세력들이 장악하면서 백제부흥운동 세력을 감시하고 통제하였던 것이다. 이러한 사실은 본피관 명문 기와와 집수시설에서 통일신라 토기편과 기와편의 다량 출토가 말해준다.

　견훤은 통일신라의 비장 출신으로 영주성을 장악하는데 유리하였을 것이다. 그리고 백제역사의식을 자처한 견훤에게 백제 중방성은 매력있는 군사적 거점이었을 것이다. 견훤은 백제의 중방성을 후백제의 영주성으로 부활시켰다고 본다. 영원(瀛原)이 영주(瀛州)로 재건되면서 치소성도 고사성에서 고사부리성으로 옮겼을 가능성이다. 영원의 고사비성에서 치소성을 전략적으로 옮겼을 가능성은 배제할 수 없다. 견훤이 광주에서 도읍을 정하기 위하여 서쪽을 순행하면서 전주에 이른다는 기록(薑西巡至完山州)이 시사하는 바가 크다. 이 기록은 견훤이 고부를 해상교통과 군사적 전략거점으로 삼기 위해 순행하였다고 본다.

　견훤이 고부의 자연지리와 해안지리 등 살핀 후에 전략지역으로 판단하여 영주성(瀛州城)을 축조하고 경영하였다고 본다. 이러한 근거는 견훤의 눌제 제방 축조와 영주성 축성 사실로 충분히 입증된다고 본다. 눌제의 축조는 고부지역 경제력 기반조성이요, 영주성 축성은 정치적, 군사적 기반 조성이라 할 수 있다. 견훤은 고사비성보다 고사부리성이 군사적으로 더 전략적 가치를 가졌기에 영주성을 새롭게 축조하였을 가능성이 높다.

영주산(瀛洲山)이 두승산의 옛 지명이다. 영주산은 후백제 시기의 지명이었다면, 두승산은 고려 시기의 지명이었다. 역사 기록에 영주라는 郡名이 분명하게 나타나고, 그 군의 역사가『瀛州誌』에 기술되었다.『영주지』가『영주읍지』이다.『瀛州誌』瀛州舊誌序에 "읍지는 옛날에도 있었는데, 영주에는 읍지가 없었다(邑誌蓋古也而瀛州古無誌)."고 하였다. 왜 그랬을까? 영주군이 있었으니, 당연히 읍지가 있었어야 했는데, 없었다는 것은 읍지를 기술할 만큼 긴 세월의 역사가 없었고, 읍지에 수록할 내용도 없었다는 뜻이 된다. 영주의 역사는 후백제 36년의 역사였기에 읍지가 만들어지지 못했을 수도 있다.

그러나 영주성 시대는 분명히 실제의 역사였다.『영주지』영주읍지 서에 "이미 승람에 실려있는 것으로 다른 읍지의 범례를 고증하여 간략하면서도 자상하고 번거로움을 제거하고 절약하여 다음 해 무인년 봄에 비로소 원고를 끝냈다."고 기술하고 있다. 무인년이 1758년(영조 34)이다. 이렇게『영주지』는 1758년에 고부군수 조득경이 편찬을 주도하였다. 영주의 역사는 아직도 이어지고 있다.

지금도 지역주민들은 영주고을이라는 지명을 사용하고, 瀛州高氏와 瀛州李氏들은 고부의 토성이다. 영주이씨는 고부이씨로 부르기도 하는 고부의 大姓이다. 고부이씨의 본관이 영주란 사실은 엄연한 역사다. 또한 瀛州精舍는 두승산 남쪽 기슭에 자리잡고 있다. 영주정사는 정읍에서 최고의 유학자를 배출한 교육기관이었다. 이처럼 고부에서 영주의 명칭은 특정한 시기에 영주성 운영사실을 말해주는데 그 시기가 후백제시대라는 것이다.

이처럼 견훤이 고부에서 대규모 토목공사를 벌인 것은 백제 중방성 재건이 분명해 보인다. 백제 중방성의 재건은 고부 영주성(瀛州城, 舊 邑城) 축성과 눌제천 수리시설을 정비하고 해상교통망의 장악과 수로 교통의 활성화가 목표였을 것이다. 이러한 관점은 고부의 지리적 위치가 해항도시로서 매우 좋은 입지 여건을 갖고 있다는 사실을 입증해준다. 김정호의 대동여지도에는 고부에서 흥덕과 부안 곰소의 검모포, 부안까지 간선도로망의 개설이 뚜렷하고, 부안 보안의 濟安浦와 흥덕의 沙津浦가 좌우에 위치하고 동진강 수로가 바다와 연결되어 있다. 견훤이 정비한 눌제천 하류에 大浦가 위치하고 그곳까지 조수(潮水)가 드나들었다는 점에서 동진강을 통한 해상교통이 원활하였던 곳이 고부였다.

대동여지도

2. 후백제 해상권 장악의 전진기지, 고부

　견훤은 중방성을 재건하고 눌제천을 정비하여 동진강 수로교통망을 활성화하고, 검모포와 제안포까지 육로를 연결한 것도 대중국 해상교통의 전진기지를 확보하는게 목표였을 것이다. 흥덕현의 사진포에는 교역하는 배들이 들어와 정박하기에 좋은 곳이고, 눌제천에는 조수가 들어왔고 영원의 대포(大浦)에 선박이 출입하면서 고부가 해항도시(海港都市)로서 면모도 갖추었을 것이다. 영원의 모산마을까지 바닷물이 들어왔다는 이야기가 맞는 말이다. 지금도 고부사람들은 천치(天峙)를 넘어 곰소젓받으러 다녔다고 하는데, 그 길이 고부에서 곰소까지 개설된 간선도로였을 것이며, 그 간선도로는 후백제의 견훤이 고부에서 검모포까지 개설한 간선도로였을 것이다. 검모포는 수군들이 주둔하는 검모포진영이 있었고 병선들이 항시 정박하는 포구였다.

　924년 문경 봉암사 희양산문의 긍양 스님이 희안현 제안포(濟安浦)로 귀국하고 있다. 희안현은 신라 경덕왕 6년 고부군의 속현으로 개편한다. 제안포는 현재 부안군 보안면 남포로 추정하고 있다. 924년은 후백제 건국 이후이다. 희양산문을 개창한 도헌(道憲)이 상주 가은현에서 활동하였는데, 상주 가은현은 견훤이 출생지이다. 긍양 스님은 후백제 견훤의 재위기간에 희안현으로 들어오는 것은 후백제가 개설한 해상교통의 포구로 귀국하고 있다. 긍양의 귀국은 견훤과 선종 승려들과 유착관계를 보여준다. 그보다 앞서서 921년에 경보스님이 임피군으로 귀국하고 있다. 경보는 임피군 新倉津으로 들어온 것으로 보인다.

　제안포는 부안 보안면에 위치하였다. 보안면에는 고려시대 상감청자의 도요지가 분포하는 곳이다. 부안 유천리 도요지에서 구은 청자는 제안포에서 선적되어 수송되었다. 줄포만의 제안포는 후백제 견훤 정권 시기에 국제적인 교통망의 기능을 하였던 곳이다. 그런데 경보스님이 임피군 신창진은 만경강교통로 상에 위치한다. 두 승려가 희안현과 임피군으로 들어왔음은 당시 줄포만과 만경강교통로를 확보하였음을 의미한다. 줄포만과 만경강 교통로의 확보는 후백제 견훤이 전북지역의 해상교통망을 장악하였음을 시사해준다.

견훤의 해상권 장악은 후백제시대에 해상활동과 대외관계를 유지하기 위하여 절대적으로 필요하였다. 견훤은 효율적이고 기동성이 있는 해상활동의 전진기지로서 고부를 해항거점도시로 조성하여 운영하였던 것이다.

고부는 해항도시로서 매우 좋은 입지를 갖고 있다. 동진강을 통해서 조수가 드나들고, 고부에서 검모포까지 육로 교통이 열려 있었고, 흥덕 사진포에 교역선들이 정박하였으며, 제안포는 해상교통의 요충지로서 제 기능을 하였던 것이다. 고부는 사진포와 검모포와 제안포의 전략적 배후도시였던 것이다. 해상교통, 해상교역, 해상전투를 진두 지휘하는 후백제 견훤정권의 지휘사령부가 고부의 영주성이었던 것이다. 견훤은 이러한 해양지리적 환경을 고려하여 줄포만을 개발하고 중방성을 재건한 것이다.

서해안에서 왕건의 해상세력과 해상권 장악을 겨루는 상황에서 견훤의 중방성 재건은 절대적으로 필요하였다. 왕권이 나주의 영산강유역을 장악한 상황에서 전주에 후백제를 도읍한 견훤은 후백제의 해상권 장악은 불가피하였고, 만경강 교통로 외에 동진강과 줄포만 일대의 해상교통망을 장악하는 것은 국가적 전략이었다. 전략적으로 도읍인 진주보다도 다양한 해상교통망이 연계되어 있는 고부가 훨씬 더 중요하였을 것이다.

고지도와 역사기록을 연결시켜보면, 흥덕의 사진포와 보안의 제안포가 후백제의 주요 거점 포구였다. 포구는 교역과 해양방어의 이중기능을 한다. 제안포 앞에 검모포를 둔 것이 해양방어성 구축을 말해준다. 서해안에서 왕건세력과 제해권을 다투는 상황에서 해항도시의 역할을 하였던 고부의 영주성은 해양방어체제의 지휘본부 역할을 하였으며, 후백제 해상교통의 전략적 거점지역이었다.

견훤은 신라가 외세인 당의 군대를 끌어들여 백제를 멸망시킨 것에 분개하고 국호를 후백제라 하여 백제의 국가계승의지를 분명히 하였다. 그 의지가운데 하나가 백제의 중방성 재건이었다. 견훤은 치소성인 영주성을 건설하고, 눌제천의 제방을 축조하였을 뿐만 아니라 고부와 영원 지역에서 백제문화를 다시 꽃피우게 한 인물이다.

이러한 사실은 고려시대에 고부 영원지역 중심으로 백제계 석탑과 불상 조성으로 알 수 있다. 막연하게 백제계 석탑·석불이라고 하지말고, 후백제시대의 석불·석탑이라고 하면 어떨까. 고려시대 고부 영원 지역에서 백제 정신사상이 깃든 불상과 불탑을 조성하였던 배경과 동력은 후백제가 아니면 달리 설명될 수 없을 듯하다. 은선리 백제계 3층석탑은 부여 정림사지 석탑을 고려시대에 고부 영원에서 복원한 것이라는 주장이 있지만, 중요한 것은 고부에서 백제계 석탑 조성을 주도한 집단이 어떠한 세력이었느냐를 밝히는게 더 중요하다.

그 세력은 후백제시대 고부의 영주성 사람들이었을 것이다.

3. 고려 정부는 80년동안 고부를 특별관리하였다.

후백제의 영화는 짧았다. 후백제가 멸망하던 그 해, 고려 태조 19년(936)에 고려정부는 영주(瀛州)에 관찰사를 두었다. 얼마나 고부세력의 통제가 다급하였으면 후백제가 멸망하는 해에 관찰사를 파견하였을까. 고려정부는 936년 후백제의 수도 전주에 안남도호부를 설치하는 동시에 고부에 관찰사를 파견하여 후백제 세력을 경계하고 통제하는 일에 나섰다. 고부에서 후백제의 지방세력이 얼마나 강력하게 저항하였으면 936년에 관찰사를 파견하였을까.

고려 정부는 후백제 지방세력을 관찰하는데 멈추지 않고 15년 뒤인 광종 2년(951)에 안남도호부(安南都護府)를 고부에 설치 운영한다. 관찰사에서 한단계 수위를 높혀 강력한 통치기관을 설치한 것이다. 안남도호부는 후백제가 멸망한 936년에 5년간 전주에 두었던 고려정부의 지방통치기구였다. 안남도호부의 설치는 후백제 역사지우기의 본격화를 의미하는데, 전주에서 5년동안 두었던 안남도호부를 951년 고부에 설치하는 것은 고부지역에서 후백제 세력의 반발이 만만치 않았음을 보여준다.

안남도호부는 후백제의 영주성 세력을 해체하는데 역점을 두었을 것이다. 안남도호부는 광종 2년(951)에 설치되어 고려 현종 10년(1019)에 해체된다. 안남도호부는 68년동안 고부에 치소를 두고 있었다. 관찰사 파견 시기까지 포함하면 고려정부는 80여년간 고부를 특별관리 하였던 것이다. 안남도호부는 영주성 세력의 해체 목적도 있지만, 거란과 대외관계를 유지하기 위하여 후방에 군사적 거점지역으로 고부를 활용하였다고 본다.

고려 정부는 후백제 감시통제 지휘부를 고부에 설치할때에 영주에 관찰사 파견부터 서둘렀다. 후백제 견훤정권이 영주성을 장악하고 있었는데 고려 정부가 고부에 관찰사를 파견하였다. 고부에 파견된 관찰사는 후백제의 영주성으로 들어가지 못하고, 새로운 치소를 조성하였는데, 두승산의 승고산성이 그곳이다. 고려 정부는 군사적 전략상 안남도호부의 지휘본부를 두승산에 설치한 것이다.

『瀛州誌』에 승고산성(升高山城)이 등장한다. 영주성 시대에 축성하여 사용하였다(在斗升山瀛洲時所築用)고 기술해놓았다. 승고산성은 영주성이 아닌 두승산 내에 축성되었다. 승고산성이 안남도호부의 치소성이다. 『신증동국여지승람』 고부군조에 고부 두승산에 옛 석성이 있는데, 그 성곽의 둘레가 10,812자라고 하였다. 석성의 둘레가 약 3km라면 치소성으로 부족함이 없다.

고려 정부는 안남도호부의 치소를 두승산의 승고산성에 두었다. 승고산성의 북문지 발굴 결과, 고려시대 축성으로 판명되었다. 『영주지』의 승고산성은 951년(광종2) 안남도호부를 두면서 축성한 것으로 보인다. 영주에 관찰사를 파견하고 안남도호부를 둔 목적은 후백제 영주성세력의 해체가 목적이었다. 영주성을 폐쇄하고 후백제세력을 통제할 목적이었으니 두승산의 승고산성을 쌓고 주둔한 것이다. 승고산성 기록은 『증보문헌비고』 『고부군읍지』 『여지도서』에 두승산 북쪽 산기슭에 있다고 밝혀놓았다.

후백제의 영주성 세력은 안남도호부가 들어서면서 해체된 것으로 보인다. 그러나 고려정부가 안남도호부를 현종 10년(1019)까지 존속시킨 것은 후방의 교란을 예방할 목적이 크게 작용하였던 것으로 보인다. 왜냐하면 고려는 전방에서 거란과 외교분쟁이 지속적으로 전개되었고, 그러한 상황에서 후방이 불안정하면서 국력 손실이 크기 때문에 고부에 설치한 안남도호부를 거란과 3차 전쟁이 끝날때까지 존속시킨 것이다. 1018년에 거란과 3차 전쟁을 마치고 고려정부는 대대적으로 지방제도를 일신한다. 이때 고부에 설치하고 운영한 안남도호부를 해체한다.

1018년(현종9)에 고려정부의 지방제도가 4도호부·8목·56지주군사 · 28진장 · 20현령으로 지방제도가 정비된 뒤에 고부에서 지방행정이 정상화되었다. 안남도호부는 1019(현종10)폐지되고 다시 고부군으로 환원되었다. 고부읍성 발굴에 참여한 군산대 박물관 조명일 학예연구사는 영주성에서 10세기중순경부터 11세기 초까지 고려시대 유물이 출토되지 않는다고 밝혔다. 그렇다면 안남도호부가 승고산성을 운영할 당시 영주성을 폐쇄하고 폐허된 상태로 방치되어 있었다고 볼 수 있다. 10세기 중반이면 안남도호부가 들어서는 951년이며, 11세기 초는 1019년 안남도호부가 해체되는 시점과 일치하고 있다. 영주성은 68년 동안 후백제 패망의 역사를 안고 폐허된 상태로 놓여 있었다. 1019년 이후 안남도호부를 해체하고 승고산성에 있던 고려정부 세력들이 다시 영주성을 수리개축하여 고부읍성으로 환원하여 치소로 삼은 것이다.

두승산을 도순산(都順山),영주산(瀛洲山)이라고 하였는데, 왜 도순산이라 했는지 알 수 없지만, 두승산 - 도순산 - 영주산 순으로 읽어보면, 발음상 처음 지명은 두승산이 맞는 듯 하다. 「세종실록지리지」에 도순산이 고부의 진산(鎭山)이라 하였다. 그렇다면 두승산이 고부의 진산이다. 두승산의 지맥이 고부의 구 읍성 터까지 내려오고 그곳에 후백제의 치소성인 영주성이 들어 선 것이다. 『瀛州誌』에 성황산을 구군지(舊郡址)하였다. 구읍성의 터는 분명하다. 그 구 군은 영주군의 영주성이었다.

그런데 전주에 5년간 설치하였던 안남도호부를 951년에 고부에 설치하는 것은 그만큼 고부가 군사적인 전략거점이었음을 말해준다. 이러한 사실은 후백제 시기에 고부가 전주 다음으로 중요한 전략지역이었음을 알 수 있다.

성황산이 고부의 주산이라면, 두승산은 고부의 태조산이 된다. 태

고부 성황산에서 바라본 두승산

조산은 성황산보다 더 신성하고 영험한 산이다. 두승산은 오랜 세월 동안 영적(靈的)인 신산(神山)이었다. 후백제 당시에 고부군을 영주라 하였고, 두승산이 신선세계같은 기운이 있었기에 영주산이라는 지명을 붙인 것이다. 백제 중방성이 두승산 자락의 천태산에 위치하였을 때, 나당연합군이 백제를 멸망시키자 고부지역의 백제지방세력이 분연히 일어나 저항하였을 것이다.

백제부흥운동군의 저항지는 주류산성이었는데, 고부에서 가까운 부안 울금바위 산성이다. 통일신라시대에 고부는 정치적 중심에서 벗어나 있었다. 나말여초에 중방성의 역사를 지켜온 사람들이 후백제 지방세력으로 부상한다. 견훤은 고부지역의 중방성 세력을 끌어안으며 전주 다음으로 중요한 전략적 거점도시를 고부에 조성한 것이다.

Ⅷ. 고부 두승산과 백제의 신선사상

1. 호남의 삼신산

　호남의 삼신산은 고창의 방장산, 고부의 영주산, 부안의 봉래산이다. 『瀛洲誌』에 영주 읍성의 기록이 등장한다. 영주읍성을 옛 군(郡)의 성곽이라 하였고, 성지가 두승산 북쪽에 있다고 하였다. 영주의 치소가 두승산에 있었으니, 두승산의 옛 지명은 영주산(瀛州山)이었음을 알 수 있다. 「세종실록지리지」에는 변산을 영주산이라고 주석을 달았으나, 영주산은 두승산이 맞는 듯 하다. 영주산은 고려초 후백제의 지방세력을 억제하고자 영주에 관찰사를 파견하면서 공식적인 명칭으로 등장하였다.
　왜 두승산을 영주산으로 칭하였을까. 두승산의 근원은 영주산에 있고, 영주산의 근원은 영원에 있다. 영원은 백제시대 고사산 중방성이 위치하는 곳이었다. 그곳에서 백제의 신선사상이 꽃핀 사실은 백제 석실고분군과 천태산, 신선봉, 은선리 지명을 연계시키면 설명이 충분하다. 천태산에 신선봉이 있고 사람들이 신선이 되고자 은선리 신선봉으로 숨어들었다는 스토리텔링이 중국 천태산의 신선세계를 방불케 한다.
　백제 부여에서 신선사상이 고부 영원으로 이식되면서 영원이라는 지명이 생겨난 것으로 보인다. 영원은 영주산의 근원이 천태산 신선봉(天台山 神仙峰)에 있다는 뜻이다. 영원은 백제의 멸망과 함께 효력이 상실되었지만, 고려 초에 영주성 시대를 다시 열면서 영원의 신선사상이 영주산에서 꽃이 피고 고려 중기 이후에 영주산이 두승산이 된 것이다. 아마도 고부에서 치소성이 변천하면서 주산의 명칭도 변화한 것으로 보인다. 백제시대 중방성의 치소가 영원에 있을때에는 천태산 영원이었는데, 백제가 망한뒤 후백제 견훤이 고부 중방성을 부활하면서 영주산에 치소성이 옮겨지고 그 치소성이 현종9년 고려정부의 지방제도 확립 선언으로 영주성의 치소가 고부 구 읍성으로 환원되었다. 고부 구읍성으로 환원이 된 이후 고려말에 영주산이 두승산으로 불려지고 고부의 두승산으로 정착하였다.

처음부터 두승산은 고사부리산이었다. 고사부리산은 고부의 중심이었고, 가장 높은 산이다. 고사부리산이 두승산이다. 두승산은 평지돌출형 산이라고 하는데, 천태봉과 동측산과 망제봉을 거느리고 있다. 마한시대부터 영적인 기운을 안고 있는 두승산 자락으로 사람들이 몰려들었다. 정읍지역에서 마한의 분구묘가 집중하고 있는 것도 두승산 주변이다. 사비백제시대에 백제정권이 두승산 지맥인 천태봉 아래에 중방성을 설치한 것도 교통지리적인 측면도 고려되었지만, 두승산의

9봉의 위용을 갖춘 영산 두승산

기운이 중방성을 끌어 당겼을 것이다. 백제가 멸망한 후 수백년이 흘렀는데 후백제왕 견훤이 고부에 중방성을 재건하면서 고부 두승산 언저리에서 다시 백제 중방성 세력들이 흥기하여 백제계 불탑과 불상을 조성한 것이다. 두승산에는 백제의 영원에서 고려의 영주까지 신산의 기운이 서려있고, 그 기운이 조선시대까지 지속적으로 이어져 사람들이 앞다퉈 선경의 세계를 바라보고자 두승산에 올랐다.

두승산의 망선대는 선경의 세계가 보인다는 곳인데, 망화대가 말해주듯이 중국의 신선세계를 두승산에서 본다는 것은 아닐까. 백제의 고사부리군 시대부터 두승산은 사람들을 끌어모았고, 두승산 기슭에 세거하면서 이상향의 신선세계를 꿈꾸었던 것이다. 그리하여 호남의 삼신산은 영주산에서 피어났다. 영주산은 도가의 이상적인 선경 세계인 삼신산이지 현실생활 속에 갖추어진 무릉도원은 아니다.

공교롭게도 호남의 삼신산은 고부를 중심으로 삼각형으로 위치하고 있다. 고부의 진산이 두승산인데, 두승산이 영주산이다. 본존불이 좌우 협시불을 두듯이, 영주산을 중심으로 방장산과 봉래산을 끼고 있다면 넌센스일까. 봉래산은 변산을 가리킨다. 『세종실록지리지』에 변산을 영주산이라 한 것을 보면 조선 전기까지도 삼신산이 정립된 것은 아닌 듯 하다. 고부의 영주산은 이미 고려시대에 명칭이 사용되었지만, 그 뿌리는 사비백제 시기 부여의 삼신사상이 고부에 옮겨오면서 신선사상이 태동하게 되었을 것이다.

변산이 봉래산이란 사실은 부안 출신 소승규(1844~1908)가 쓴 『유봉래산일기』에서 변산을 봉래산이라 읊은 시문에서 확인된다. 소승규는 시문에서 봉래산을 봉호라고 표현하였다. 봉호(蓬壺)는 봉래산이 바다에 떠 있는 호리병같은 모습이라 하여 붙인 별칭인데, 변산에서 위도를 바라보았을 때, 아득한 위도(蝟島)가 물속에 떠 있으니 봉래산

명승이 이같은 곳이 없다고 비유한 것이다. 또한 바다에서 변산을 바라보면, 변산의 비경은 봉래산에 비유할 정도였다. 또한 내변산 계곡 암반에는 동초 김석곤이 새겼다는 봉래동천(蓬萊洞天)이라는 초서 각자가 있으며, 내소사의 누각 편액에 봉래루(蓬萊樓)라 써 넣었으니 변산이 봉래동천이었고 봉래선경이었다.

  이와같이 문헌 자료에서 두승산이 영주산이었고, 변산이 봉래산이라는 사실이 확인된다. 방장산은 우여곡절이 있다. 현재 방장산은 전북 고창군과 전남 장성군의 경계에 위치하고 있다.『신증동국여지승람』홍덕현 산천조에도 반등산(半登山)이 등장한다.『고려사』기록에는 방등산가(方等山歌)를 삼국의 속악인데 백제가요라고 소개하고 있다. 삼국 속악에는 정읍사, 방등산가, 선운산가 등이 소개되었다. 방등산가(方等山歌)는 "신라 말기에 도적이 크게 일어나 이 산에 웅거하여 양가의 자녀가 많이 잡혀갔다. 장일현(長日縣)의 아낙이 그 가운데 있었는데 노래를 지어, 그 지아비가 곧 와서 구해주지 않는 것을 풍자하였다."는 노래가사의 배경을 밝히고 있다.『신증동국여지승람』고창현 산천조에 방등산이 반등산(半登山)으로 바뀌어 불렀다고 하였으나, 반등산이 방장산이라고는 명시하지 않았다. 방등산을 반등산이라고 불렀지만, 방장산으로 불려진 시기는 알 길이 없다. 고부군에서 삼신산에 대하여 어떻게 인식하였는지를『신증동국여지승람』홍덕현 궁실조에 실린 삼신산에 관한 시를 새겨 들어 본다.

    〈유순의 시〉
    쌍 깃발높이 걷고 푸른봉에 머무르니
    여덟창엔 공중바람 모두 들어온다.
    연기와 뫼부리는 난간 밖에 점점보이는데

구름바다는 손가락질하여 돌아보는 가운데 가물가물한다.
아침해 오를때는 맑고 시원한 것 더하더니
저녁 안개 잠긴 후엔 가장 침침해진다.
올라보니 난새(鸞)를 타고 가는 공상에 스스로 만족하니
봉래 · 영주 가는 길을 통한 듯하다.

〈박휘겸의 시〉
정정하게 우뚝 솟은 만길봉우리 봉꼭대기 높은 누각 먼 바람에 임하였네.
땅은 蓬島 三淸 경계에 연하였고, 사람은 소상 8경 가운데 있다.
구름은 산허리를 두르고 아득하게 비꼈고
물은 하늘 그림자 머금고 뿌연 하늘에 닿았네
홀연히 먼 포구를 바라보니 돌아오는 돛단배 빠르고
뱃길은 멀리 연해 漢水로 통한다.

유순(柳洵)과 박휘겸(朴撝謙)은 조선 전기의 유학자이다. 조선시대 전기의 유학자들은 사림파들은 도학사상에 심취하여 處士 生活을 즐겼다. 처사는 관료와 대비되는 신분으로 관직보다는 자연속에서 한가롭게 도의와 심성을 편안하게 즐기면서 시를 짓과 자연을 벗삼아 음풍농월을 즐겼다. 유순과 박휘겸은 隱逸生活을 추구하면서 처사문학을 주도한 사대부 문인들이다. 은일 생활을 추구한 학자들은 김종직, 서거정, 길재, 정몽주 등 고려말 신흥사대부들이었다. 이들은 '현실의 隱者'들이었다. 얼마나 운둔생활을 선호하였으면 아호를 三隱(圃隱 · 冶隱 · 牧隱)이라 했을까.

조선시대 수묵산수화도 은자들의 취향이 반영된 것이다. 우리나라 산간계곡 도처에 누정(樓亭)이 조성되었던 것도 은일생활의 풍조가

낳은 사대부 문학의 산물이다. 당시 사대부들의 文風은 깊은 산간 계곡에서 자연을 벗삼아 노래하고 시를 지으면서 자연스럽게 도학을 즐기고 신선사상에 심취한 仙風이었다. 그리하여 도학자들이 지은 시는 대체로 신선사상이 반영되어 있다. 김종직, 유순 등은 산천을 유람하면서 자연풍광을 도학적으로 노래한 시를 도처에 많이 남겼다. 고부군에 속하는 흥덕현, 고창현, 부안현 등을 찾아 선경의 세계를 읊은 조선전기의 문인들은 김종직, 정지상, 이곡, 김극기 등이었다.

2. 수두목승의 각자와 석각

왜 영주산을 왜 두승산이라 했을까?

두승산의 최초 기록은 『신증동국여지승람』 고부군 산천조에 나온다. 두승산을 도순산이라고 했을뿐 왜 두승산인가에 대한 언급은 없

두승산 말봉의 각자와 석각

두승산 말봉의 수두목승의 각자

다. 두승산의 역사 기록이 없으니, 현장에서 두승산의 역사를 찾을 수밖에 없다. 두승산에는 9봉우리가 있다. 두승산 정상의 말봉에 오르면 수두목승(水斗木升)이라는 명문과 수두목승을 상징하는 석각이 있다. 그 옆에는 망선대, 축천대라는 각자도 있다.

이러한 서각이 말봉에 집중한 것은 말봉이 두승산에서 가장 높은 봉우리인 듯하다. 『영주지』에 선인봉(仙人峰)이 두승산 남쪽 산기슭에 있다 하였으니 말봉이 맞는듯하다. 말봉 뒤에 끝봉이 있으니 말봉을 선인봉으로 불러야 옳을 듯하다. 영주산의 정상이 선인봉이라 해야 이치에 맞다. 선인을 동경하였던 사람들이 많이 올라다녔기에 선인봉이란 이름이 붙여졌을 것이다.

斗升山의 지명도 수두목승의 '斗'자와 '升'자를 따서 명명한 것이다. 석각은 자연석을 둥글게 원형 형태로 다듬어 깎은 뒤에 원형의 가운데에 네모진 방형으로 조각해 놓았다. 『영주지』에 석두·석승이라 하였다. 석두·석승은 수두목승의 도형을 조각한 석각이다. 정읍지역사

두승산 말봉의 수두목승의 석각

학자 곽형주는 수두목승은 동초 김석곤이 새겼고, 석두·석승은 덕천면 상학리 거사 최석학이 새겼다고 하나, 1899년경 편찬된 것으로 보이는 『전라북도군읍지』 고부읍지 산천조에 두승산에 9봉우리가 있는데, 최고봉에 석두 석승이 있다는 기록이 나온다.

그렇다면 이미 조선시대 후기에 두승산 말봉에 석두·석승의 석각이 있었던 것으로 보아야 한다. 수두목승의 刻字는 석두·석승의 상징성을 글씨로 풀이한 것으로 보인다. 먼저 두승산의 망봉(선인봉)에 석두·석승의 석각이 조각되어 있었고, 그 후에 수두목승을 각자한 것이며, 이 각자는 김석곤이 했을 가능성도 있다. 두승산을 상징하는 석두·석승 조각을 水斗木升으로 해석한 것이다.

두승산의 지명이 『신증동국여지승람』에 처음 등장한다. 두승산이 수두목승에서 따온 지명이라면, 그 역사는 고려시대까지 거슬러 올라간다. 수두목승은 무슨 뜻일까. 그 수두목승에 대하여 한국유학사를 전공하는 이형성 박사의 의견을 들었다. 두(斗)는 말인데, 말은 물을 길을 때에 재는 용량의 단위이며, 승(升)은 쌀, 곡식을 되에 담아 재는 용량의 단위이다.『周易』의 수풍정(水風井)으로 수두목승을 풀이해보면, 수두목승(水斗木升)은 수두풍승(水斗風升)이어야 하나 풍(風) 대신에 목(木)자를 넣은 것이다.

왜 그랬을까? 바람은 손괘(巽卦)로서 나무를 상징하는데, 나무는 음목이다. 음목(陰木)은 항상 물을 머금는데도 썩지 않는 매우 단단한 나무를 가리킨다. 나무로 정자(井字)를 만들어 우물에 상단에 올려놓아 우물을 상징시켰다. 원통형의 물구덩이 샘물에 올려놓은 정자의 가운데 네모진 부분이 되(升)라 하는 것이다. 예부터 우물을 둥근 물구덩이를 파는 것이 수두(水斗)이고, 물구덩이 위에 나무로 만든 정자형 구조를 얹혀 놓은 것이 목승(木升)이다. 목승이 정자의 상징이다. 목승의 구도가 항상 물이 스며들어도 썩지 않는 나무로 만든 정(井)자형 구조물이다. 정자의 가운데에 샘물이 들어 있다.

공교롭게도 물통은 둥글다. 어깨 들것으로 물통을 운반할 때에 함석으로 만든 물통을 둥글게 만들었으며, 막걸리 술배달 자전거에 실린 술통도 나무로 만든 배부른 둥근 술통이었다. 물을 원형 물통이 물의 성질에 맞는 것 같다. 수통은 대체로 둥글다. 그런데 옛날 농촌의 타작마당에서 나락을 가마니에 담을 때에 둥근 말로 재기도 하였고, 뒤주에서 쌀을 퍼서 함지에 담을 때에 되로 재기도 하였다. 일상 생활에서 양을 잴때에 둥근 형태의 말과 네모난 형태의 되를 이용하였던 것이 무슨 이유에서 였을까. 처음 우물을 만들때에 원형으로 만들었다. 산성이건 읍성이건 마을이건 사람이 사는 곳에 최우선의 조건이 우물이다. 우물이 없으면 거주할 공간으로 적합하지 않다.

예부터 우물을 팔때에는 둥글게 원형으로 파서 물을 끌어 모이도록 하였다. 그리고 둥근 원형의 우물에 나무나 돌로 만든 정자형의 장치

정읍 김동수 씨 가옥의 井자형 우물

를 해놓는 것이 전통적인 우물 구조다. 그러면 왜 정(井)자 형태의 상단구조 장치를 했을까. 사람들은 물을 찾아 둥지를 틀어 마을을 형성하였다. 대체로 산간 계곡에 마을이 형성된 것도 자연적인 샘물이 있는 곳이 많기 때문이다. 샘물은 퍼도퍼도 줄지 않고 끊임없이 나온다. 샘물이 좋으면 그곳에 터를 잡았고, 터가 좋은데 물이 없으면 우물을 팠다. 『莊子』에 "斗升之水而活我生"이 있다. 斗升之水는 생명수라는 뜻이다. 두승산의 지명은 물이 좋은 곳이고, 자연발생적으로 땅속에서 분출하는 샘물과 약수가 많은 곳이라는 지명이다. 두승산에 수두목승을 새기고 석두·석승을 조각한 것은 정읍이 물이 좋은 고을이요, 살기좋은 고을의 상징이다.

두승산 말봉의 수두목승 석각은 정읍의 상징이다. 이러한 수두목승과 석각은 물이 좋은 고을 정읍의 기원이 고부 두승산에 있다는 것을 말해준다. 정읍의 원천은 고부에 있었다. 두승산의 지맥인 덕천면 망제봉 아래에 샘실마을이 있다. 샘실이 정촌이다. 정읍의 기원은 샘실

(井村) 마을에서 시작되었다. 井村이 커져서 井邑이 된 것이다. 샘실은 백제시대 정읍의 명칭인 정촌현 명칭을 지금까지 사용해오고 있다. 정촌은 우물이 좋아서 사람들이 모여들어 향촌을 이룬 곳인데, 샘실마을이 그 마을이다. 샘실마을의 샘물은 바가지로 물을 뜨는 천연의 샘물이었다. 샘실마을의 우물이 원형이었다. 화강암으로 둥그렇게 상단으로 만들었다. 샘실의 우물은 정자(井字)보다 수두(水斗)의 원형을 갖춘 우물이었다. 망제봉 기슭에서는 약수가 솟아나와 천곡이라 하였고, 마을에서는 샘물이 솟아나와 샘실이라 하였다. 샘실사람들은 '시암실'이라고 부르지, 천곡리는 행정구역의 명칭을 사용하지 않는다.

　망제봉 기슭의 천곡약수는 정읍사람들이 여름맞이에 앞서 단오날에 더위를 물리치고 부스럼이 나지않도록 천곡에 찾아가 약수로 물맞이를 즐기는 치유와 질방을 예방하는 단오풍속이 있었다. 정읍 촌로들에 따르면, 당시 단오날이면 천곡 약수터에 물맞이하러 온 사람들이 인산인해였다고 회상한다. 망제봉 아래 천곡에는 천(泉)이 좋았고, 샘실마을에는 井이 좋았다. 샘실과 천곡은 물이 좋은 마을이었다. 물이 좋아서 샘실이었고, 그 역사는 백제시대에 정촌(井村)으로 표기되었다. 지금도 샘실마을 주민들은 공동우물에 관정을 박고 물을 끌어올려 상수도로 사용하고 있다. 천년전 정촌은 지금도 그대로다. 망제봉 아래 샘실마을은 정읍(井邑)의 기원이 되는 마을이다.

　수두목승에서 두승산을 따온 것은 이미 고사부리군 시기부터 물이 좋고 풍요로운 땅 고부였음을 말해준다. 두승산이 물이 좋은 곳이라면, 두승산 주변은 농경지의 풍요로운 땅이 형성되어 있음을 뜻한다. 그러한 사실은 고부 관청리의 눌제가 말해준다. 그래서 예부터 두승산 정상 말봉에 수두목승의 석각과 각자를 새기고 조각하였으며, 정읍사람들은 두승산의 정상 말봉을 선인봉(仙人峰)으로 인식하면서 정읍의 영산(靈山)으로 섬긴 것이다.

두승산에는 1930년대 망화대, 망선대, 천축대 등 곳곳에 각자가 많다. 일제강점기에 고부지역 도학자들이 암울한 현실에 대한 우려를 함께 하면서 두승산에 올라 수두목승의 정신세계를 표현한 조각들이다. 이러한 흔적은 우국충정도 있지만, 수두목승의 명향, 정읍을 지키려는 역사의식이 살아있음을 보여주는 징표라 할 수 있다. 정읍의 뿌리는 두승산 망제봉 아래 샘실마을에 있다. 정읍(井邑)의 역사는 정촌(井村)이 본향이다. 정촌은 샘실 마을을 가리키고, 샘실마을의 역사가 곧 정읍의 역사다. 마한시대에 정촌현 시대가 열렸으나, 백제시대에는 천태산 자락에 중방성이 설치되면서 행정의 중심은 영원면으로 이동하였다. 백제가 망한 뒤 치소의 중심이 정읍으로 옮겨갔으며, 신라 경덕왕대에 정읍은 현재의 치소로 옮겨 새로운 읍치로 출발한 것이다.

『주역』에 "井은 改邑로대 不改井이라"하였다. 읍은 옮겨갈수 있으나 우물은 옮겨갈 수 없다는 뜻이다.

샘실마을의 우물은 정(井)자형이 아니라 원(圓)형이었다.

그동안 백제의 정촌현은 정읍시 신정동 정해마을이라고 홍보해왔지만, 정해마을은 백제 정촌현과 전혀 관련이 없는 마을이다. 헛다리를 짚어도 한참 잘못 짚었다. 정해마을은 두승산과 정반대에 위치한 마을이다. 오히려 정해마을은 입암산성과 가까운 마을이다. 정해마을은 고부와도 멀리 떨어졌고 백제시대 정촌현으로 연결지을 수 있는 유물·유적이나 이야기도 없다. 역사는 진실이다. 왜곡될 수 없는 일이다. 샘실마을은 백제시대 中方城 인근 마을로서 정촌현의 치소일 가능성이 높고, 정읍사의 배경 마을이다. 중방성이 천태산에 자리를 잡을때에 망제봉 기슭에 샘실마을은 있었다. 샘실마을의 우물은 정읍시의 원천적 상징이다. 샘실마을의 공동우물은 정자형 샘물에서 관정으로 바뀌었지만 아직도 끊임없이 맑은 샘물이 솟아난다는 이야기다. 정읍시는 不改井이라는 가르침에 따라 하루빨리 샘실마을의 우물을 옛 모습으로 복원하는 작업에 적극 나서야 한다.

3. 두승산의 망화대와 망선대

두승산에 서각 유적으로 망화대와 망선대가 있다. 망화대는 소중화 의식으로 중국의 유학사상을 우러러 생각하는 곳이라면, 망선대는 중국의 신선 세계를 동경하면서 선경을 바라본다는 뜻을 갖고 있다.

망화대에는 정우달과 간재의 오언절구가 조각되어 있는 부분과 3인 결의문 서각 부분과 하도낙서와 십오도, 삼점도, 윷판도의 도형 부분으로 구분할 수 있다.

문제는 망선대와 망화대를 사상사적 측면에서 같은 범주에 놓고 이야기를 하는 것이 바람직하다. 두승산의 각자와 서각은 대체로 19세기에 쓰여진 것이 대부분이다. 이처럼 서구 열강의 제국주의 침략에 따

망화대 표시석

른 유교중심의 질서체계와 사회혼란 등 근대화 과정에서 위기의식이 팽배해졌고, 일제 강점기의 암울한 현실을 극복하고 풍전등화에 놓인 국가의 운명을 걱정하는 사람들이 산에 올라가 고천제를 지냈거나 망국제를 지냈다.

정읍에서는 1910년 한일합방 직후 영주정사의 유림과 유생들이 소년봉에 올라가서 국권상실에 통분하면서 망국제를 지내고 독립운동의 의열을 다짐했다고 하니 정읍지역에서 항일운동이 영주정사를 중심으로 거세게 일어났다고 볼 수 있다. 이러한 관행에 따라 조선왕조의 불신을 전제하고 일제하에서 국권상실과 민족과 국가의 새로운 질서가 회복되기를 소망하는 유림들이 두승산에 올라가 민족독립을 기원하는 마음으로 각자를 하였던 것이다.

정우달과 간재 전우가 쓴 오언절구는 후손과 제자들이 풍전등화에

망화대

놓인 나라를 걱정하면서 새긴 것으로 보인다. 그 근거로서 만년에 간재는 경술국치를 당한 망국의 심정을 "공자는 임금이 축출되고 혼란이 가중되는 변란에 직면하여 마침내 뗏목을 타고 바다로 떠나려는 탄식을 낳았고, 주자는 황제가 시해되는 화를 만나니 주도자를 주살할 것을 청하는 글을 남기고 산으로 들어갔다."는 글을 남겼다.

(1) 망화대의 정우달과 간재의 오언절구 시

滄州 鄭禹達과 艮齋 田愚(1841-1922)가 쓴 오언절구에 서각 연대를 밝혀놓았는데, 병자년(1936) 4월이다. 망화대의 오언절구의 서각은 간재 서거 15주기를 기념하여 정우달의 자손과 전우의 제자들이 추모 기념으로 1936년 4월에 두승산에 올라서 서각을 한 것으로 추정된다. 오언절구는 다음과 같다.

神州今已矣	신주의 시대가 지금 끝났으니
日下暗氣矣	일제하 암울한 분위기로다.
春秋無地讀	봄가을에 책을 읽을 땅이 없어서
獨上望華臺	홀로 망화대에 오르다
滄洲 鄭禹達題	복주 정우달이 짓고
艮齋 田愚謹次並書	간재 전우가 삼가 이어 아울러 쓰다.

群豈迷日月	세상사람들이여 어찌 일월이 혼미하겠는가
八宇暗風矣	세상천지가 암울한 티끌바람만 부는구나
滄洲有遺跡	창주의 유적이 남아있도다
珍重望華臺	망화대는 진중한 보배다.
丙子四月 日	병자년(1936) 4월 일
不肖孤海瑾海杓	불초 자식 해근 해표

　간재는 일제의 국권침탈을 목도한 뒤에 부안 상왕등도로 갔다가 계화도에 정착한다. 마땅히 조선의 지식인으로 의병을 일으켜 항일에 참여해야 하나 간재는 수의를 하면서 제자들에게 조선왕조에 대한 충절과 유학정신을 올바르게 하는게 구국의 정신을 가르치고자 하였다. 충성할 조국이 있어야 학문도 꽃피울수 있다는 항일의리론을 펼쳤다. 창주 정우달이 조선왕조의 유학의 시대가 갔으니 봄가을로 책읽을 일이 없어졌구나 한탄하면서 일제강점기 하에서 지은 "신주의 시대가 이제 끝났으니 일제하에서 암울한 분위기로다. 봄가을에 책을 읽을 땅이 없어서 홀로 망화대에 오르다"라고 제(題)하자 간재 전우(艮齋 田愚)가 이어서 "세상사람들이여 일월이 어찌 혼미하겠는가. 세상천지에 암울한 티끌바람만 불지만 창주의 유적이 여기에 있으니 망화대는 진귀한 보배로다"라는 해석이다.

1936년은 일제강점기 식민통치가 한층 강화되던 시기였다. 간재는 일제의 제국주의 침략으로 국권이 상실되고 조선의 통치자들이 무기력진 상황에서 조선의 학문인 성리학마저 서구의 양이사상(洋夷思想)에 흔들리는 것에 안타까워했다. 이러한 간재의 마음을 오언절구에 담았다. 이 오언절구는 간재가 생전에 창주의 글을 읽고 차운하였던 것을 찾아서 정우달의 아들인 정해근과 정해표가 1936년 서거 15주년을 기념하여 다시 두등산 망화대에 올라서 각자하였던 것으로 보인다.

그렇다면 정우달(1829-1901)은 본관은 연일이고 자는 순경(舜敬), 호는 창주(滄洲)다. 그는 고부사람으로 옥구현감과 화순현감까지 지내고 통훈대부의 벼슬에 오른 관료였는데, 말년에는 두승산 아래 고향에서 여생을 지냈다.

각자를 한 정해근은 1885년 식년시 진사(式年試 進士)에 합격한 정우달의 아들이다. 정우달은 간재보다 앞선 시기의 사람으로 고향에

정우달과 간재의 오언절구시문 서각

머물면서 자주 두승산에 올라 간 것이며, 일제강점기 암울한 시기에 나라를 빼앗기고 유학사상이 흔들리는 것을 안타까워 하면서 남긴 글에 전우가 차운한 것이다. 정우달이 운을 띄우고, 간재가 차운한 것을 보면, 두 분이 생전에 자주 교유가 있었음을 알 수 있다. 그 과정에서 암울한 국가적 현실에 절감하였음이 오언절구에 담겨있다.

간재는 일제 강점기에 제국주의 침략에 개탄하면서 좌절하지 말고, 유학을 사수하여 새로운 시대를 맞이하자는 호소를 오얼절구에 담고 있다. '세상사람들이여 어찌 일월이 혼미하겠는가(群豈迷日月)'라고 호소하고 있다. 일월(日月)은 주천도수(周天度數)하는 우주적 진리다. 낮과 밤이 바뀔수 없듯이 일월의 진리는 변하지 않는 것이니, 천체우주의 자연순환의 법칙에 따라 일월이 혼미할 수 없다는 논리이다.

한마디로 지금은 일제하 암울한 시기라 할지라도 학문에 정진하면서 유도를 사수하면 새로운 시대가 반드시 올 것이라는 메시지를 담고 있다. 간재는 『주역』을 통해서 "한 번 가면 한 번 오는 것에는 분명히 정해진 수가 있으니, 지금 오늘날은 剝卦가 이미 극에 도달하여 復卦가 장차 시작될 것이다."라는 음양순환론을 군기미일월(群豈迷日月)에 담아서 희망의 메시지를 띄운 것이다.

망화대(望華臺)는 간재 전우의 제자들이 '小中華를 待望하는 '望臺' 라는 곳을 기념하여 새긴 명문이다. 화(華)는 중화로서 중국을 가리키는데, 오언절구에 중국을 신주(神洲)라고 표기하였다. 중국이 유학의 정신적 본향이기 때문이다. 망화대는 두승산에 올라가서 중국을 향하여 조선의 정통사상인 성리학 이념을 굳건하게 지켜내려는 유도사수의 의지를 더욱 다지는 기도처같은 공간이었다. 일본 제국주의 침략과 서구 문명이 봇물터진 상황에서, 지배층이 무기력하고 유학의 도가 와해되는 상황이 전개되기에, 도학자들이 암울한 현실을 개탄하면서 망화대에 올라 우국충정과 새로운 시대의 도래를 간절하게 기원했던 것으로 보인다. 당시 지식인들은 답답한 현실의 탈출구로서 두승산에 자주 올랐으며, 창주 정우달의 유적이 두승산에 있다는 것이다. 그 내면에는 하루 빨리 암울한 시기의 장막을 거두고 새로운 시대의 도래를 간절하게 소망하고 있음을 알 수 있다.

(2) 망화대의 삼인 결의문 서각

망화대 오언절구 서각 우측에 三人結誼文 刻石 銘文이 있다. 그 내용은 다음과 같다.

> 三人結誼世世 不忘碑
> 靜軒 尹載弘 漆谷人
> 休南 姜還善 晉州人
> 遯菴 全運九 旌善人
> 丙戌八月 日
> 隱南 姜達善 五十八莩 立石里

칠곡인 윤재홍, 진주인 강환선, 정선인 전운구 3명이 병술년(1946) 8월에 두승산에 올라 결의를 하였다는 내용이다. 이 명문은 桃園結義와 같은 것이니 사실상 망화대와는 별개의 명문이다. 은남 강계선은 휴남 강환선과 형제일 수 있다면, 고부면 입석리에 거주하던 강환선이 윤재홍, 전운구와 함께 두승산에 도원결의를 하면서 세세토록 잊지 말자고 확약하는 의미에서 망화대에 각자한 것으로 보인다. 이 명문은 망화대와는 별개의 서각이라 할 수 있다. 삼인 결의문을 새긴 사람은 고부 입석리 사람이었다. 비교적 두승산에 많이 오른 사람들은 두승산 자락에 위치한 영주정사(瀛州精舍) 사람들이었다. 병술년이 1886년인지 1946년인지 알 수 없으나 현지조사를 실시해보면 확인할 수 있을 것이다.

(3) 망화대의 하도낙서와 윷판도 각석

망화대에는 삼점도, 하도낙서도, 십오도, 윷판도 등이 새겨진 암면이 있다. 이 도형들은 오언절구의 시와 함께 망화대에 있기에 창주 정우달과 간재 전우 선생의 후손이나 제자가 조각한 것으로 볼 수 있다. 하지만 하도낙서도와 십오도, 윷판도까지 조각한 것을 보면, 유학자보다는 정역의 신봉주의자가 조각한 것으로 보인다. 망화대의 하도낙서도는 암면에 구멍을 파서 점으로 새겼다. 하도낙서도는 하도낙수설(河圖十數說)과 낙서구수설(洛書九數說)을 도형화 한 것이다. 하도십수설은 1에서 10까지 수를 배열하여 천체우주의 도상을 만든 것으

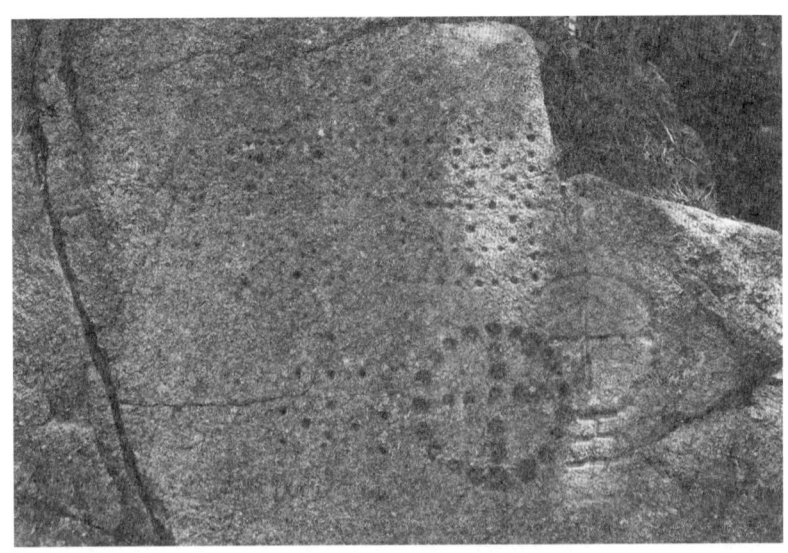

망화대의 하도낙서도와 십오도

로 팔괘의 원천이 된다. 낙서구수설은 1에서 9까지를 배열하여 구궁수리도(九宮數理圖)를 만드는 것인데, 구궁수리도는 가로,세로 십자형 및 대각선의 수의 합하여도 한결같이 15숫자가 나온다. 우물 정자를 그려놓고 가운데에 5자를 넣고 1부터 9까지의 수를 각 칸에 배역하여 15가 되도록 만든게 구궁수리도라 하고 마방진이라 할 있다. 망화대의 각석에 십오도가 등장하는 것도 낙서도라 할 수 있다.

망화대의 각석에는 하도낙서도와 십오도(十五圖)를 묶어서 해석할 수 있다. 물론 역학에서 하도낙서도 외에 십오도는 중시하는 대상은 아니지만 망화대 각석에 등장하고 있다. 문제는 망화대의 윷판도이다. 정역에서는 복희팔괘도와 문왕팔괘도를 계승하여 정역팔괘도를 만들었다고 주장하고 있다. 역학에서 윷판도는 역수(曆數)의 대상이 아니다. 그러나 정역에서는 윷판 구도의 외부 원형 20점과 내부 십자형의 9점을 『正易』의 기본 원리로 삼고 있다. 하도가 밤하늘의 별, 은하수를 상징하듯이, 윷판도 별자리 29수를 도형화한 것이다. 하도는 복희팔괘도, 낙서는 문왕팔괘도, 윷판을 정역팔괘도에 대응하는 역도(曆圖)라 할 수 있다. 역학에서는 하도가 선천이요, 낙서가 후천인데, 정역파들은 복희·문왕 팔괘를 先天이라 하고, 정역팔괘를 後天이라고 규정하고 있다. 정역에서는 복희팔괘와 문왕팔괘를 재해석하고 있다.

일부 김항(1826~1898)은 1884년경에 정역의 논리를 완성한다. 김항은 중국의 역학체계인 하도낙서를 한국의 역학체계로 정리하면서 정역의 논리를 완성하였는데, 그의 제자들이 윷판의 주천도수의 논리를 차용하여 정역팔괘도를 보완한 것이며, 그러한 사실이 망화대의 정역팔괘도 각석에서 확인할 수 있다. 정역팔괘도의 윷판은 새로운 시대와 미래사회의 상징이었다. 정역파들은 주역을 선천역(先天曆)으로 되돌리고, 정역이 주역을 대체할 새로운 후천역(後天曆)으로 제시하고 있다. 후천은 혼돈의 시대이니, 주역의 시대가 가고 정역의 시대를 열어야 한다는 논리다. 정역으로 후천의 시대를 개벽하여 새로운 이상향의 시대를 열어가자는 것이다. 따라서 망화대의 하도낙서와 윷판도, 십오도는 정역의 역학체계를 정립한 도학자들이 후천개벽의 도래를 소망하면서 조각한 것이다.

새로운 시대의 당래는 간재가 "군기미일월"로 밝혔다. 정역파들은 한말의 암울한 시기에 새로운 시대의 질서가 도래하기를 염원하면서 후천개벽의 이념을 하도낙서, 십오도, 윷판으로 표출한 것이다. 후천개벽은 정역보다 동학에서 먼저 이념화하였다. 1894년 동학도들이 보국안민·후천개벽의 기치를 높이 들고 민중봉기를 일으켜 폭팔력을 가져오자 다른 종교집단에서도 후천개벽에 공감하는 분위기였다.

조선 후기 민중의식이 성장하고 성리학의 지배이념이 쇠락하는 과정에서 일본 제국주의 침략에 따라 봉건왕조가 해체되고 유학사상의 질서체계도 동시에 와해되는 상황이었다. 이러한 시점에서 조선왕조의 이념사상이었던 유학사상을 대체하려는 신종교들이 우후죽순처럼 등장하였다. 그 가운데에는 동학, 남학, 정역, 증산교 등에서 후천개벽의 이념을 확산시키는데 기여하였다. 후천개벽이 들불처럼 일어난 정읍, 고창 지역은 백제 미륵신앙의 토양이었다. 이러한 토양위에서 동학의 후천개벽론이 꽃을 핀 것이다. 백제의 미륵신앙이 뿌리깊게 스며든 고부지역에서 후천개벽을 지향하는 동학은 폭팔적일 수 밖에 없었다.

망화대의 하도낙서도, 십오도, 윷판도, 삼점도가 누가 새겼는지 알 수 없지만, 정역 신봉자이거나 남학도가 조각하였을 가능성이 높다. 하도낙서도와 윷판도가 함께 등장하고 있는 것에서 조각 주체의 실마리를 찾아볼 수 있다. 두승산은 고부의 진산이요, 신산이었기에 정읍,

고부, 고창 지역에서 후천개벽시대를 열기를 희망하였던 사람들이 자주 찾아던 곳이다. 망화대는 두승산의 기도처같은 곳이었다.

고부농민봉기도 두승산의 기운이 뒷심이었다. 망화대의 오언절구 명문에서 '세상사람들이여 어찌 일월이 혼미하겠는가(群豈迷日月)'라는 구절과 하도낙서도와 십오도, 윷판도는 서로 상통한다. 두승산은 고부지역 농민들에게 후천개벽시대를 열자고 간재를 통해서 메시지를 띄웠고, 구국일념으로 고부농민봉기가 일어난 것이다. 일제강점기 국권침탈을 당한 암울한 현실에서 좌절하지 않고 새로운 희망의 싹을 피운 곳이 고부요, 두승산은 영주산으로서 신산의 기운을 간직하고 있었으며, 두승산에 올라 새로운 국가 질서의 도래 간절하게 염원하였던 우국충정이 고부농민봉기를 이끌었고, 고부농민봉기가 새로운 역사를 열었고, 일제의 장막을 거두는 정신적 보루였다.

4. 망선대와 축천대

망선대는 정상 부근에 수두목승 서각과 석각, 그리고 망선대(望仙坮), 축천대(祝天坮), 정유생갑계원불망대(丁酉生甲楔員不忘坮)라는 명문이 있다. 망선대의 각자는 단기 4276년(서기 1943)에 姜澤秀, 尹敦植, 權寧奎가 새겼다고 각자하였다. 일제의 암울한 시대가 종말을 고하고 선경과 같은 시대가 도래하기를 학수고대하는 마음으로 새겨을 것이다. 축천대는 단기 4290년(서기1957)에 朴萬權, 姜澤秀, 朴成必, 金千應, 尹敦植, 李斗基, 金烱吉 등의 10여명의 이름이 각자되어 있다. 망선대와 축천대에 등장하는 인물가운데 강택수와 윤돈식이 겹친다. 이들이 해방 이후에도 두승산에 올라가서 각자를 한 것은 선경의 도래를 기원하는 도학자들이거나 도가 수련집단일 가능성이 크다. 망선

망선대

대는 두승산이 영주산(瀛州山)으로 인식되었으며, 정읍지역의 도학자들은 영주산 선인봉에 올라 선경의 신선체험을 하였을 것이다. 유선(遊仙)도 신선의 세계를 유람한다는 뜻이고, 망선(望仙)도 신선세계를 동경한다는 것이니 서로 상통하는 도가 용어다.

정읍지역의 도학자들이 영주산을 자주 오른 것으로 보이는데, 영주정사에서 수학하던 선비들이 연주산에 자주 오른 것으로 보인다. 조선시대 양생술을 수련하는 도인들이 산에 올라서 수련을 하기도 했지만, 유학자들도 조선전기부터 선경세계를 동경하는 풍조가 있었고 정읍지역에서도 선비들이 두승산에 올라 망선체험을 한 것이다. 수두목승의 서각과 석두·석승의 각석, 망선대와 축천대 각자 등 다양한 명문들이 선인봉의 성격을 말해준다.

동초 김석곤이 수두목승을 각자(刻字)하였다니 망선대 역시 선경세계를 동경하던 정읍지역의 도인들이 정상에 올라 망선하는 체험을 즐겼다고 보여진다. 두승산의 정상은 영주산 선인봉이고 신선을 꿈꾸고 선경을 유람하려는 선비들이 遊仙寺에 오르고 仙人峰에 올랐던 것이다. 영주산의 망화대, 망선대는 이상과 선경을 바라보고 소망하고 꿈꾼다는 뜻을 담고 있다. '망(望)'이 곧 미래를 의미한다.

IX. 정읍의 중심, 두승산 유선사

두승산이 선경의 세계인지 두승산 유선사에 오르지 않은 사람은 모른다. 이른 아침에 두승산에 오르면 운해(雲海)의 전경을 볼 수 있다. 두승산(447m)이 그리 높지 않은 산 인데도 운해를 볼 수 있는 날이 더 많다. 운해는 바다위에 뜬 구름인데, 산 아래 계곡에 안개 자욱한 모습이다. 중국 삼청산의 지명에는 동해·서해·남해가 있다. 삼청은 옥청·태청·상청의 신선세계를 가리키는 것으로, 삼청산은 중국의 대표적인 도교 성지이다. 삼신산은 바다가운데 떠 섬이기에 삼청산에 바다의 지명을 붙였는데, 두승산에 오르면 바다에 떠 있는 삼신산의 분위기를 실감한다. 구름이 산 중턱에 걸려있는 듯하니, 두승산의 운해를 바라보고 있노라면, 천상 세계의 신비로움을 온몸으로 느낄 수 있다. 그래서 왜 일찍부터 영주산이라 했고 두승산 정상에 望仙臺를 각자를 했는지 알 수 있다.

두승산은 백제의 신선사상과 미륵사상의 기운을 품고 있다. 두승산이 靈山이었기에, 백제시대 부여 왕도의 신선사상과 익산 미륵사의 미륵사상이 두승산으로 날아들었다. 신라 왕경의 삼산오악 숭배가 남원 지리산으로 이식되듯이, 백제 부여의 삼신산 숭배와 미륵신앙이 고부 영원으로 이식된 것이다. 사비백제시대 고부 영원에 중방성을 설치하면서 왕도의 신선사상이 날아들고, 익산 미륵산에서 미륵상생

두승산 유선사의 노거수

신앙이 날아든 것이다. 부여의 삼산에 거처하는 신인이 두승산으로 날아와 영원의 천태산 신선봉에 숨어들었다. 그래서 은선리라는 지명이 생겨난 것이다. 천태산은 두승산 지맥이 내려온 곳이다. 백제시대 두승산의 신선세계는 영원(瀛原)에서 잉태하였고, 고려초에는 영주(瀛洲)에서 꽃피었다. 영원는 백제 중방성의 치소였고, 영주는 후백제가 중방성을 재건한 치소성이었다. 백제가 중방성을 두승산 기슭에 둔 것은 마한시대부터 영적인 기운이 서려있음을 확인하였을 것이며, 마한 세력들이 골곡에 둥지를 틀고 있었기에 중방성을 설치하였을 것이다.

　두승산 유선사에 오르면 마치 익산 미륵산 사자암에 오른 분위기를 느낀다. 사자암이 미륵사를 낳았듯이, 만일사가 유선암을 낳은 듯하

반석위에 세워진 유선사의 종각

다. 『신증동국여지승람』 고부군 불우조에 도순산에 만일사·망월사·동계사가 있었다고 나온다. 도순산은 두승산의 옛 지명이다. 『조선환여승람』에 만일사 유선암이라 하였으니, 실로 유선사의 역사를 고려시대까지 올라간다고 볼 수 있다. 전설에 의상대사가 꽂아놓은 나무가 자라서 오늘날 유선사의 노거수가 되었다니, 유선사의 역사는 노거수의 수령이 말해준다. 노거수가 의상대사가 택지(擇地)한 기념식수로 자란 나무였는지 모를일이지만, 유선사에 오르면 오랜 역사의 암자였다는 분위기는 감지된다. 두승산은 유선사의 역사를 알고 있겠지만 말이 없다. 백제 근초고왕이 남쪽에서 마한을 정복하면서 올라온 왜의 장수 치구마나가히코와 벽지산에 올라 맹서하고 고사산의 반석에 올랐다고 했다. 조용헌은 고사산의 반석은 유선사에 위치한 반

유선사의 노거수와 종각

석이라 하였다. 두 사람의 맹약이기에 영산에 올라가서 맹서하였지 야트막한 구릉에 올라갔겠는가.

두승산 유선사는 미륵산 사자암과 비유되는 사찰이다. 익산 미륵산 사자암은 미륵보살이 좌정하고 있는 도솔천 내원궁에 비유되는 천상의 세계이고, 유선사는 신선이 노니는 선경의 세계였다. 유선사는 선경의 세계에 사찰이 들어선 것이니 선경의 궁궐이나 다름없다. 도솔천 내원궁같은 사자암이나 선경의 궁궐같은 유선사는 크게 다를바 없는 천상의 세계다.

백제시대 미륵산 사자암에는 지명법사가 있었다. 그는 선화공주의 미륵삼존불이 출현한 연못에 사찰을 세우고 싶다는 요청을 받고 도술을 피워 산능성 흙으로 연못을 메꾸고 가람을 조성시켜 주었다. 지명법사는 승려지만 도술의 능력도 갖춘 인물이었다. 유선암을 유선사로 중창한 유선사의 성수스님도 맨손으로 오로지 법력으로 오늘의 유선사를 가꾸었으니 도술을 가진 스님은 분명해 보인다. 지명법사나 성수스님이나 대단한 법력을 가졌으니 그 높은 천상의 사찰을 지킬수 있었다.

도솔천에 들고자 선경의 세계에 들고자 미륵산에 오르고 두승산에 오른 사람들은 도학자들이다. 도학자는 주자학을 신봉하지만 전원목가적 취향의 유학자들을 말한다. 도학자들은 깊은 산간계곡으로 들어가 도의와 심성을 즐기는 은둔 성향이 강하다. 그래서 산에 오르고 산림에 들어가 신선을 만나는 것을 즐거운 소양으로 인식하였다. 산에 오르지 않으면 심산유곡 누정에서 시를 읊거나, 도연명을 그리워하면서 산수화를 감상하는 것을 좋아하였을 사람들이다. 조선 후기에 도학자들은 산에 올라가 선경체험을 즐기는 풍조가 있었다. 신선과 같이 불사의 경지를 꿈꾼 도학자들도 있었겠지만, 두승산에 오른 도학자들은 삼신산형 이상사회를 꿈꾼 것은 아니었을까. 조선전기 유학자들의 시문에는 선경에서 마고신선과 술한잔하고 싶다는 내용이 문집마다 빼곡하게 나타난다. 조선시대 유림가운데 사장학(詞章學)을 즐기는 유학자들은 모두가 문인들이었다. 이 문인들의 시문에는 선경을 동경하는 시문이 많다. 그래서 그들이 산에 올라가서 자신의 족적을 남기길 좋아하였다.

깊은 산간계곡의 암벽에 이름석자를 새긴 사람들은 모두가 도학자들이라 해도 과언이 아니다. 그들은 선경의 세계에 오른다고 생각하지 불가와 도가를 크게 따지지 않는다. 미륵산 사자암 암벽에는 사자동천(獅子洞天)이라고 각자해놓았으니, 도기의 사자동천과 불가의 도솔천과 구분하지 않고 동일시하였다. 도학자들이 신선술을 수련하고

자 미륵산도 오르고 두승산도 올라 선경의 세계를 둘러보았을 것이다. 두승산 망선대 부근의 이름석자를 새긴 도학자들도 선비들이었을 것이다. 두승산에 오르내린 도학자들은 儒佛仙 한마디로 三敎會通을 실천한 사상가들이라 할 수 있다.

일제 강점기에 유림들은 한일합방과 국권상실을 겪으면서 우국충정하는 의로운 행동에 나선다. 항일운동의 앞장선 유림들은 두 유형으로 나누어 진다. 최익현, 임병찬, 이석용처럼 속세에서 의병들을 이끌고 일제 통치에 항거하면서 싸우는 의로운 유림들이 있는가하면, 간재처럼 산에 오르고 섬에 은둔하면서 유학의 전통을 더욱 정진시키는 것이 민족독립운동이라고 생각하는 선비들도 있었다. 망화대에 각자를 한 사람들이나 망선대에 각자한 사람들도 항일운동 방식에 차이가 있을뿐 민족독립을 간구한 것은 마찬가지였다. 지금은 선천의 시대이니 후천시대의 도래를 꿈꾸며 두승산에 올라 고천제를 지냈을 것이다.

미륵과 신선은 미래의 희망을 추구하는 仙佛이란 점에서는 동질성을 갖고 있다. 현실사회가 불안하고 암울하고 미래가 불투명할 때 사람들은 점집을 찾아가듯이 도학자들은 두승산에 올라가서 극락정토를 간구하고 선경의 세계를 간절하게 염원하였다. 도학자들이 유림들이었기에 두승산에서 유불선 삼교가 회통했다고 볼 수 있다. 유선사의 미륵보살은 고부농민들에게 미래 세상의 도래에 대한 강력한 메시지를 보내 고부농민봉기가 일어났고, 고부지역 도학자들이 두승산에 올라가 주천도수하는 우주적 진리를 깨닫고 반드시 새로운 우주적 질서의 세계가 도래한다는 믿음이 확산되면서 새로운 신종교들이 우후죽순처럼 생겨났다.

특히 정읍, 고창지역에서 일제강점기에 후천시대를 예언하는 신종교 출현이 많은 것도 영주산의 영기에서 비롯되었다. 영주산과 두승산은 사상적 본질에서 차이가 없다.

　두승산의 석두·석승 조각이나 수두목승의 명문도 현실은 암울하지만 미래에 새로운 우주적 질서의 세계가 도래할 것이라고 확신하면서 기도하였던 기도터였고 제장이었다. 두 서각과 조각 모두 일제 강점기에 제작되었다는 점에서 일제강점기에 고부지역의 민족주의자들이 민족독립을 간절히 염원하면서 두승산에 오르내렸다.

　또한 정읍 지역에서 항일운동의 정신은 1930년대 도학자들이 두승산에 올라가 하늘에 제사를 지내면서 민족독립 의지가 충천한 결과였다. 간재 전우가 영주정사(瀛洲精舍)에서 6년동안 후학을 양성하였다니, 간재의 제자들이 두승산에 올라 망화대와 망선대에서 민족의 현실을 안타까워하면서 민족독립을 기원하는 자취를 남긴 것이다.

　그토록 찬란하였던 영원과 고부의 역사가 지금은 방치되어 있다. 이제라도 고부지역에 산재한 지명과 전설과 기록, 유적, 유물을 퍼즐게임 하듯이 서로 맞춰나가야 한다. 고부에서 갑오농민혁명이 일어난 배경과 동기를 규명하는 작업을 당장 서둘러야 한다. 왜 두승산이라 하였고, 영주산이라 하였는가를 고부 현지에서 현미경으로 들여다 보는 자세가 필요하다. 지금은 분할되고 쪼그라들었지만, 고부군의 영역은 실로 광대하였다. 백제가 고부에 중방성을 설치할 정도로 그만큼 중요한 전략적 거점이었는데, 그 실상을 파악하는데 무관심이다. '고부가 없었다면 정읍도 없었다'고 할 정도로 정읍의 본향은 고부였다.

　그런데 지금 고부는 갑오농민혁명의 발상지 정도로 인식하고 있으니 참으로 안타까울 뿐이다. 오죽했으면 고부에 영원(瀛原)을 두고, 영주산(瀛洲山)이라 했을까. 영주산이 두승산이요, 두승산이 영주산이다. 두승산 골곡에는 백제시대의 숨결이 살아있다. 백제 미륵신앙이 살아있고, 백제 신선사상이 살아있다. 두승산에 올라가서 잠시 주위를 살펴보면 왜 두승산이라 했는지, 왜 영주산이라 했는지 알 수 있다.

　백제시대 중방성의 역사와 문화가 지금도 두승산에서 살아있고 그 숨결을 느낄 수 있다. 이제부터라도 보물캐듯이 두승산 자락에 스며있는 고부의 역사를 발굴하고 재정립하는 작업을 서둘러야 한다. 정읍의 역사는 고부에서 시작되었고, 고부에서 꽃을 피웠다. 고부를 모르면 정읍도 모른다고 헤도 과언이 아니다. 두승산 골곡마다 마을마다 정읍의 역사가 깃들어 있다. 이제 정읍시민들이 나서서 두승산 언저리에서 보물 캐는데 적극 앞장서야 한다.

【 참고문헌 】

『삼국유사』
『삼국사기』
『신증동국여지승람』
『영주지』
『호남읍지』
서신혜, 『조선인의 유토피아』, 문학동네, 2010.
영원면지추진위원회, 『永元』, 2005.
이능화, 『조선도교사』, 이종은 역주, 보성문화사, 1983.
酒正忠夫 외, 『道敎란 무엇인가』, 최준식 옮김, 1983.
쿠보노리타다, 『도교와 신선의 세계』, 정순일 옮김, 1992.
유남상, 『일부전기와 정역철학』, 도서출판 연경원, 2013.
장인성, 『백제의 종교와 사회』, 서경, 2001.
김일권, 「한국인의 윷놀이판 바위그림에 투영된 천체우주론적 고찰」, 『한국암각화연구』 제5집, 한국암각화학회, 2004.
송화섭, 「고부농민봉기와 미륵신앙·미르신앙」 『한국민속학보』 제7호, 한국민속학회, 1996.
송화섭, 「한국의 용신앙과 미륵신앙」 『한국문화의 전통과 불교』 연사홍윤식박사 정년퇴임기념논문집, 2000.
진정환, 「정읍지역 백제계 불상 고찰」 『문화사학』 2집, 한국문화사학회, 2007.
임영택, 『한국문학사의 시각』, 창작과 비평사, 1997.
한국고대사학회, 『후백제 왕도 전주의 재조명』, 2013 학술대회자료집.
한정훈, 『고려시대 교통과 조세운송체계연구』, 박사학위논문, 2009.
전북문화재연구원, 『정읍 고부 구읍성 I』, 2007.
계양서원, 『간재의 사상과 부안』, 2008.

국립부여박물관,『백제금동대향로』, 금동대향로 발굴 10주년기념 연구논문집, 2003.

국립부여박물관,『백제금동대향로』, 2013 백제금동대향로 발굴 20주년기념 특별전, 2013.

충남역사문화연구원,『백제금동대향로, 고대문화의 향을 피우다』, 백제문화제 국제학술대회 자료집, 2013.

정읍시사발간추진위원회,『정읍시사』, 상·중·하, 2003.

정읍시,『고부문화권의 재인식』, 학술대회 발표논문집, 2000.

두승산 유선사의 기도발

조용헌

Ⅰ. 기도발의 조건

　불교의 사찰은 기도발(祈禱發)이 있어야 한다. 기도발이 없으면 '앙꼬 없는 찐빵'이다. 기도발은 기도를 하면 영적인 힘이 발휘되는 것을 말한다. 말하자면 효과를 느끼는 것이다. 기도는 눈에 보이지 않는 대상을 향한 정신의 집중이지만, 돌아올때는 현실적인 효과로 온다. 그 효과는 기도를 해본 사람만이 느낄수 있는 미묘한 현상이다. 이것은 실제로 해보아야만 알 수 있는 것이지, 이론 상으로 체득할 수 있는 게 아니다. 종교는 이론이 아니라 체험인 것이고, 그 체험을 가장 실감나게 느낄수 있는 종교행위가 기도인 것이다.
　기도는 언제 하게 되는가? 궁지에 몰렸을 때이다. 궁지에 안 몰리면 하지 않는다. 막다른 길목에 부딪쳐서 어떻게 해야 할지, 도대체 어디로 가야 할지, 죽을것 같은 고통과 압박감을 느꼈을 때 기도를 하게 된다. 죽음의 공포보다 더 무거운 삶의 압박감을 느낄때 자살로 끝을 맺는 사람도 있지만, 기도의 방법을 통해서 탈출하는 사람도 있다. 인생을 살다보면 누구나 궁지에 몰리고 외통수에 몰린다. 이거 안 몰리는 인생 없다. 막장에 몰려서 기도라도 할 생각을 내는 사람은 복이 있는 사람이다. 복 없는 박복한 인생은 자살로서 끝을 맺는다. 알고 보면 자살도 끝이 아니고, 다시 업보로 이어져서 불행한 환생이 이어진다.

 기도발, 즉 기도를 해서 효과를 보려면 3가지 조건이 맞아야 한다. 첫째는 기도를 하려는 사람의 간절한 발원이다. 죽기 살기로 기도를 해야지 효험이 크다. 그러자면 고통이 커야 한다. 고통이 클수록 기도를 하는데는 좋은 조건이 된다. 어떻게 보면 인간사의 고통은 신이 부르는 축복인 셈이다. 듣기에 따라서는 매우 비정하고 받아들이기 어려운 이야기로 들리겠지만 말이다. 둘째 조건은 기도터가 명당이어야 한다. 같은 기도를 하더라도 기도가 더 잘되는 지형적 조건이 있다. 주변에 바위산이 많다거나, 또는 장풍득수(藏風得水)가 잘 되어 있는 터, 또는 평지에 우뚝 솟아 있는 봉우리나 산, 주변이 병풍처럼 적당한 높이의 산들이 둘러싸고 있는 경우이다. 핵심은 바위이다. 절이나 암자가 자리잡고 있는 바닥에 암반이 깔려 있어야 한다. 암반 속에는 광물질이 함유되어 있다. 철, 구리, 금, 은 등등의 광물질은 땅 속에서 올라오는 지자기(地磁氣)를 잘 전달해 준다. 이러한 지자기는 인체의 피 속에 함유되어 있는 철분이나 각종 미네랄을 통해 인체로 들어온다. 이러한 지자기가 피를 타고 인간 뇌의 어떤 부분을 자극하면 종교체험이 발생하는 것이다. 불교신자는 부처님이나 관세음 보살이 꿈에 나타나고, 기독교인은 예수님이나 성모마리아가 꿈에 나타나고, 무속신앙에서는 산신령이 나타날 것이다. 그 사람의 무의식 필름에 찍혀 있는 신앙대상이 무엇이냐에 따라 종교체험의 장면이 각기 다를수 있다. 문화권에 따라, 종교에 따라 달리 나타날 수 있지만 기도발이란 측면에서 보면 작용은 같은 것이다. 무의식에 어떤 사진이 찍혀 있느냐에 따라 화면에 나타나는 모습만 다를 뿐이다. 마치 영화 영사기에 빛을 투과시키면 화면에 투사되는 장면과 이미지가 각기 다르게 나타나듯이 말이다.

기도발이 잘 받는 세 번째 조건은 그 절이나 암자에 사는 스님의 원력이다. 기도에 소질 있고, 기도를 많이 해본 스님이 있어야 한다. 그래야만 기도 하러간 사람을 잘 인도해 줄 수 있다. 마치 에베레스트 고봉에 올라가려면 유능한 셀파가 필요하듯이 기도 초심자는 유능한 스님의 안내를 받아야 한다. 여기서 말하는 안내는 기도하는 사람에게 신심(信心)을 불러 일으키는 리더십을 의미한다. 기도를 하면 반드시 응답이 있다. 헛방이 아니다는 믿음을 줘야 한다. 믿고 들어가는 것과, 믿지 않고 들어가는 것은 확연하게 다르다. 이러한 믿음을 내기가 쉽지 않다. 절에 상주 하는 스님의 인품과, 도력을 갖추고 기도 가피(加被)를 받아본 스님은 느낌이 다르다. 무엇인지 모르게 신뢰감을 불러일으키는 힘이 있다. 이상 기도발을 받기 위한 조건 3가지를 이야기했다. 기도하려는 사람의 간절한 마음, 그리고 기가 쎈 터, 그리고 기도라고 하는 정신세계로 인도해 주는 도력 있는 스님. 이 3가지이다.

Ⅱ. 성수 스님

유선사(遊仙寺)의 성수 스님은 기도의 큰 원력이 있는 분이다. 기도를 많이 해본 스님들의 특징이 있다. 그것은 화기(火氣)이다. 팔자에 불이 많은 사람들이 기도를 하면 정신세계의 응답이 빨리 온다. 불은 활활 타오르는 속성이 있다. 불은 어둠을 환하게 밝혀주는 작용이 있다. 기독교 성경에 보면 '기름 부은자'라는 표현이 있다. 기름이 이미 부어져 있으면 여기에다 성냥불만 갖다 대면 바로 불이 붙는다. 기름은 불이 붙기 위한 전제조건이다. 기도발은 또한 '영발(靈發)'이 아니던가. 인간에게 내재되어 있는 신령함은 불처럼 폭발한다. 불은 뒤끝이 없다. 한 순간에 전 존재를 몰입시킨다. 몰입도가 가장 높다고나 할까. 어느 한순간에 타오르게 되어 있어서 마치 불의 속성과도 같기 때문이다. 그래서 팔자에 화기가 많은 사람들은 같은 기도를 하더라도 효과가 속발(速發)한다. 다른 사람 백일을 해야 하는 기간을 보름 정도로 단축시킬수 가 있는 것이다. 성수 스님은 이러한 기도체질을 타고난 데다가, 유선사에 머물면서 많은 기도 가피를 받아봄으로써 더욱 기도에 정진하게 되었지 않나 싶다. 성수 스님의 기도 영험 사례는 다른 장(章)에 여러 가지가 소개되어 있다. 일반적으로 기도는 비구자 스님 보다도 비구니 스님들이 더 잘한다. 비구 스님들은 선(禪)에 집중하는 경향이 있고, 비구니 스님들은 기도에 더 집중한다. 물론 어느 경지에 들어가면 선이 기도이고, 기도가 또한 선이 되지만, 처음에 들어갈 때 그렇다는 이야기이다. 선이 자력적인 경향이 강하다면 기도는 타력적인 경향이 강하다. 어느 경지에 들어가면 자력과 타력이 둘이 아니다.

    기도를 하는데에도 순서가 있다. 첫 번째는 갈구하는 단계이다. '저 돈을 벌게 해주세요', '저 직장에서 승진되게 해 주세요', '저 병에서 낫게 해 주세요', '저 …하게 해주세요'하는 기도이다. 자기의 바램을 들어달라고 부처님께 통사정 하는 단계가 그것이다. 자꾸 무엇인가를 부처님께 달라고 요구한다. 이 단계가 지나면 두 번째 단계가 온다. 두 번째는 부처님이, 또는 초월세계가 나에게 어떤 메시지를 던지는가 주목하는 단계이다. 무엇인가를 달라고 하지 않고, 저쪽 세계에서 나에게 어떤 싸인을 보내는지 조용히 주시하는 단계이다. 이 단계가 되면 젖달라고 떼를 쓰지 않는다. 성숙해 지는 셈이다. 법당에 가면 마음을 가라 앉힌 상태에서 조용하게 앉아 있는다. 과연 부처님은 나에게 무엇을 하기를 바라는지, 나에게 어떤 작용을 하시려는지 고요하게 기다리는 단계이다. 세 번째 단계는 기도 시간과 장소가 따로 정해지지 않는다. 일상 생활에서 항상 기도가 되는 단계이다. 밥 먹는 시간에도, 지인들과 이야기하는 상태에서도, 자기가 하는 일을 하면서도 기도가 되는 상태이다. 이때의 기도는 물론 무엇을 달라고 갈구하는 상태가 아니고 조용하게 기다리는 마음이 되는 상태를 말한다. 두 번째 단계와 다른 점은 행주좌와 어묵동정의 일상에서 이 기도가 이루어진다는 점이다. 굳이 법당에 앉아서 정해진 시간에 기도를 하지 않고 일상생활에서 기도가 된다는 점이다. 네 번째 단계는 마지막 단계이다. 이 단계에서는 무심한 상태가 된다. 무엇을 달라고 하지도 않고, 부처님이 나에게 어떤 메시지는 보내는지도 의식하지 않는 단계이다. 무심이다. 그러나 무심이면서도 고도로 강력한 기도가 이루어지는 단계이기도 하다. 그렇지만 세 번째와 네 번째는 상당히 수준높은 단계이다. 대부분은 첫 번째와 두 번째 단계의 기도가 필요하다. 기도하려는 사람은 일단 첫 번째 단계를 거쳐야만 할 것이다. 간절한 염원이 있어야 기도의 발동이 걸리기 때문이다. 발등에 불이 떨어져야 한다. 발등의 불부터 끄는게 순서이다.

  기도의 단계를 이렇게 나누기도 한다. 첫 번째는 기복(祈福)의 단계이다. 우선 자신의 복(福)을 빈다. 돈 문제, 건강 문제, 인간관계 문제 등등의 현실적인 장애이다. 이 장애를 돌파하고 자기 일이 잘 되게 해달하고 하는 기도이다. 두 번째는 기선(祈善)의 단계이다. 선한 일을 하게 해달라고 하는 기도이다. 자신의 문제 보다는 다른 사람의 문제를 해결 하기 위하여 하는 기도를 가리킨다. 민족의 통일을 위해서 기도를 한다면 이는 기선의 단계에 해당할 것이다. 세 번째는 해탈(解脫)의 기도이다. 선(善)도 지나치게 추구하면 법박(法縛)이 된다. 법에 집착하게 된다. 비록 좋은 일이지만 '내가 좋은 일을 했다'고 생각하게 되면 이 또한 또 다른 형태의 집착이 된다. 좋은 일을 했어도 '했다는 생각이 없어져야한다. 선도 떠나고 악도 떠나게 하는 기도가 해탈의 기도이다. 다른 종교와 불교가 이 세 번째 단계의 기도에서 다르다. 착한 일도 지나치면 집착으로 간주한다. 착함에 대한 집착도 터는 기도가 불교에 있고, 이 부분이 약간 이해하기 어렵기도 하다.

Ⅲ. 기도발(祈禱發)과 꿈

기도를 열심히 하면 감응이 온다. 감응을 영어로 풀이하자면 코레스판딩(corresponding)이다. 상응(相應)이기도 하다. 대우주와 소우주인 인간이 서로 상응(相應)하는 것이 바로 기도라고 생각한다. 대우주와 인간이 서로 둘이 아니라는 징표 아니겠는가? 떨어져 있지 않고 연결되어 있으므로 연락이 온다. 그 연락이 올 때는 대개 꿈으로 온다. 꿈은 화면이다. 비주얼로 나타난다는 말이다. 기도를 열심히 하면 꿈을 꾸는데, 아주 인상적인 꿈을 꾸게 된다. 기도발로 나타나는 꿈의 특징은 잠에서 깨고 나서도 잊어버리지 않는다는 점이다. 아주 생생하게 기억이 난다. 꿈은 보통 4가지로 구분된다.

선견몽(先見夢)이다. 예지몽(豫知夢)이라고도 한다. 앞으로 일어날 일을 미리 보는 꿈이다. 선견몽은 기도를 하지 않더라도 꿀 수 있는 꿈이다. 타고나면서부터 영대(靈臺; 마음의 본 바탕)가 밝은 사람은 평소에도 선견몽을 꾼다. 기도를 하면 이 선견몽이 더욱 분명하게 나타난다. 보통 꿈을 잘 안꾸는 사람들도 기도터에 가서 열심히 기도를 하면 선견몽을 꾸게 된다. 이러한 꿈을 꾸게 되면 더욱 신심이 나서 기도를 열심히 한다. 2천년대 초반 필자가 유선사의 성수 스님을 만났을때 꿈 이야기를 들었다.

"내가 몸이 안 좋아서 열심히 법당에서 기도를 하니까, 비몽사몽간에 코 속에서 벌레가 한 마리 꿈틀 거리고 나왔다. 징그러워서 그 벌레를 손가락으로 얼른 잡아서 손바닥에 놓고 보았다. 그 꿈을 꾸고 나서 몸이 좋아졌다."

이런 꿈은 몸의 질병이 낫는 꿈에 속한다. 분명하게 그 장면이 기억된다는 특징이 있다. 관세음보살 기도를 많이 하면 꿈에 관세음보살이 나타나서 영지버섯, 약초를 주거나, 또는 몸의 아픈 부위를 만져 주거나, 어디로 데려가서 물로 목욕을 시켜주는 꿈을 꾸기도 한다. 대개 병이 낫는 꿈이다.

모든 꿈이 선견몽은 아니다. 사대불화몽(四大不和夢)이라는 꿈도 있다. 사대(四大)는 불교에서 말하는 우주의 4가지 구성요소를 가리킨다. 지, 수, 화, 풍이 그것이다. 사람이 죽으면 사대로 분해 된다고 본다. 흙으로 돌아가고, 물로 돌아가고, 불로 돌아가고, 바람으로 돌아간다. 사대가 화합하지 못해서 꾸는 꿈이 사대불화몽이다. 사람이 잠을 잘 때는 지수화풍이 모두 만나야 한다. 흔히 사대를 혼과 백으로 보기도 한다. 잠을 잘때는 혼과 백이 서로 만나야 하는데, 스트레스가 많거나, 걱정 근심이 많으면 잠을 잘때도 혼과 백이 서로 따로 따로 논다. 혼과 백이 화합하지 못하는 것이다. 즉 사대가 불화한 상태이다. 이런 상태에서 꾸는 꿈은 개꿈이다. 무의식이 억눌린 상태에서 꾸는 꿈이므로 개꿈이다. 개꿈은 맞지 않는다. 개꿈을 많이 꾼다는 것은 두려움과 집착, 분노, 슬픔이 많다는 것을 의미한다. 그러므로 개꿈을 자주 꾸는 사람은 마음이 평정하지 못하다는 것을 의미하고, 수양이 안 되어 있다는 것을 의미한다. 꿈을 꾸어보면 그 사람이 공부가 되었는지 안 되었는지를 안다는 말은 그래서 나온 말이다. 낮에 하는 생각과 행동이 밤에 꿈으로 나타나고, 밤의 꿈은 낮의 상태를 예시한다. 서로 잡아 돌고 있는 것이다.

천상몽(天上夢)이 있다. 천상세계의 모습을 보여주는 꿈이다. 이 꿈은 대개 칼라로 나온다. 불교에서는 하늘세계를 33가지로 이야기한다. 33천(天)이 있다고 본다. 도솔천, 야마천… 등등의 천상세계가 있다. 절에서 아침 저녁으로 종을 칠 때 28번과 33번을 친다. 28번은 왜? 28개의 별자리인 28수(宿)를 상징하고, 33번은 불교에서 말하는 33천을 상징한다. 종을 한 번 칠때마다 해당 하늘세계에 통고를 하는 셈이다. 천상세계가 있다고 보는 것이다. 기도를 많이 하면 이런 세계의 꿈을 꾼다. 천상몽은 등장하는 인물들이 모두 키가 크게 나오는 경향이 있다. 키가 5미터, 또는 10미터 처럼 거대한 모습으로 나타난다. 천상계로 올라갈수록 키가 큰 모습으로 나타난다. 미륵불이 매우 장대한 모습으로 조성이 되는 이유는 꿈에 천상세계의 모습을 본 사람이 그대로 조성해 달라고 했기 때문이다. 금산사의 미륵불도 10미터 가까이 되고, 선운사의 도솔암 절벽에 새겨져 있는 미륵불도 엄청난 크기이다. 논산 관촉사의 은진미륵도 거대한 형상이다. 불교의 33천 관점에서 이야기 한다면 도솔천에서 나타나는 불상들이 이처럼 큰 것이다.

전생몽(前生夢)이 있다. 전생의 자기 모습을 꿈으로 보는 것이다. 이러한 전생몽을 보려면 타고난 영대가 밝아야 하고, 후천적으로 수행도 많이 해야만 꿀 수 있는 꿈이 전생몽이다. 필자가 주변에서 채담(採

談)한 전생몽의 예를 들면 전생에 자신이 입고 있던 의복을 입고 있는 모습이 꿈으로 나타나는 수가 있다. 머리에 두건을 쓰고 고대 벼슬아치의 관복을 입은 자신의 모습을 꿈으로 보는 수가 있다. 아니면 전생의 삶에서 아주 인상적인 장면이 한 커트 나타나는 경우도 있다. 중국 당나라때 안록산이 난이 발생하였을때, 궁궐 내에 있던 내불당(內佛堂)에서 자신이 승려로 머무르고 있었던 장면도 나타났던 사례도 있다. 난리가 나니까 내불당의 중요한 불구(佛具)와 경전을 다급하게 챙겨서 궁궐을 빠져나가는 장면을 꾼 경우도 있다. 꿈을 꾼 당사자는 평소에 이러한 장면이나 상황을 생각해본 적이 전혀 없었다. 상상도 안했던 내용이 어느날 기도 중에 불쑥 나타났던 것이다. 물론 이러한 꿈은 개인의 지극히 내밀하고 사적인 체험이기 때문에 모든 사람에게 보편적으로 적용된 된다고 주장할 수는 없다. 상황 따라 다를 수는 있다. 영적(靈的)인 내용은 확대 일반화 시키기가 어렵다. 이것은 매우 주관적인 부분인 것이다. 전생몽이 왜 의미가 있는가? 전생은 현생과 관련이 깊다. 따라서 전생의 자기 모습을 보면 현생의 자기 삶이 상당 부분 이해가 간다. 전생과 현생은 인과관계가 있기 때문이다. 현생에서 자신이 이해 안가는 부분도 전생의 모습을 알면 납득이 된다. 물론 현생에서 어떻게 사느냐에 따라 다음에 오는 내생도 인과관계에 놓이게 된다. 전생은 이미 결정되어 있기 때문에 수용하는 태도가 중요하고, 내생은 현세에서 자기 하기 나름이므로 의지와 노력이 중요하다. 불교의 핵심 사상은 인과(因果)와 윤회(輪廻)이다. 이 인과와 윤회를 확실하게 받아들이는데는 전생몽이라는 열쇠가 필요하다. 우리의 일상 삶 그 자체가 하나의 큰 대몽(大夢)이지만, 이 대몽을 깨는 데는 대몽속에서 꾸는 소몽(小夢)이 도구가 될 수도 있다. 소몽이라고 무시할 수도 없다.

Ⅳ. 두승산의 영기(靈氣)

터가 문제가 된다. 명당에서 기도를 하면 확실히 효험이 있다. 터가 차지하는 비중이 50%를 넘는다고 생각한다. 그만큼 어떤 장소에서 기도를 하고, 선을 하고, 수행을 하느냐에 따라 효과가 달라진다. 영험한 기운이 서려 있는 곳을 영지(靈地)라고 한다. 두승산은 호남정맥에서 갈라져 나간 산 자락이다. 호남정맥의 한 자락이 호남평야 한 가운데로 뻗어 나와 기운이 뭉친 지점이 두승산이다. 두승산 정상에 올라가 보면 주변 100리가 모두 평야지대라고 해도 과언이 아니다. 부안읍과 김제읍, 군산 앞바다, 익산의 미륵산도 보이고 김제 모악산도 보인다. 주변이 모두 평야 지대이다. 우리나라에서 두승산처럼 주변의 지대가 모두 평야지대로 둘러 쌓인 곳도 없을 것이다. 마치 바다 한가운데에 떠 있는 섬 처럼 느껴질때도 있다. 안개가 낀 날에 두승산 유선사의 법당 담장에서 호남평야를 바라보면 뿌연 안개가 끼어 있다. 바다 한복판에 떠 있는 섬 처럼 군데 군데 봉우리가 몇 개씩 보인다. 두승산도 망망 대해에 떠 있는 섬이다. 강원도 처럼 1천미터 급의 높은 산이 많은 곳에서는 산의 높이가 별로 눈에 안들어 오지만, 두승산처럼 평지에 우쑥 솟아 있는 산은 그 존재감이 남다르다. '누실명'(陋室銘)에 나온다. '山不在高 有仙則名'이라고. 산은 높다고 전부가 아니다. 그 산에 신선이 있어야 명산이라고. 두승산은 평지에 사령관처럼 우뚝 솟아 있는 산이라서 그 풍광이 유별나다. 아주 장쾌한 맛이 난다. 유선사(遊仙寺)에서 서쪽을 바라보면 변산(邊山)이 보이고, 진표율사(眞表律師)가 공부했던 기도터인 천길 낭떠러지의 부사의방(不思議房)이 보인다. 변산 너머로는 바로 서해 바다이다. 저녁 노을에 보면 장관이다. 평야 뒤로 변산이 보이고, 그 변산 너머로는 서해의 용왕이 살고 있는 풍광이다. 그래서 이 두승산은 신선사상과 관련이 깊다. 신선이 놀 만한 풍광인 것이다. 고대에는 두승산을 삼신산(三神山) 가운데 하나인 영주산(瀛洲山)이라고 불렀다고 한다. 신선이 사는 산이다. 영주산은 바다 한 가운데에 우뚝 솟아 있는 특징을 지닌 산이다. 제주도 한라산이 영주산 아니던가. 두승산은 한라산과 같이 평지(바다)에 우뚝 솟은 산이라는 공통점이 있다. 풍수에 밝았던 선인들은 두승산을 가리켜 비룡망해(飛龍望海)의 명당이라고 불렀다. 날아가는 용이 서해 바다를 향하고 있는 형국이다. 얼마나 장쾌한 작명인가? 유선사는 이 비룡망해의 용 대가리에 자리잡고 있다. 정확하게 이야기한다면 용의 두 뿔 사이에 자리잡고 있다. 우리 속담에 '용코로 걸렸다'는 말이 있다. 용의 코에 걸리면 빠져 나가지 못한다는 뜻이다. 그만큼 용의 코도 예민하고 두려운 자리이다. 용의 두 뿔도 마찬가지이다. 유선사는 용의 대가리를 잡고 용을 서해 바다로 몰고 가는 자리에 해당한다는 것이 필자의 생각이다. 운전석이라고나 할까. 어지간한 파워와 내공이 없으면 감당을 못하는 자리이다.

필자가 몇 년 전에 그리스의 여러 신전 터를 둘러본 적이 있다. 한국의 풍수조건에 그리스의 고대 신전 터가 부합되는가를 살펴보기 위해서였다. 결과는 '부합 된다' 였다. 신전들은 정확하게 한국의 풍수 명당에 해당되는 터 들이었다. 예를 들면 아테네의 파르테논 신전 자리이다. 평지에 돌출한 바위 산이었다. 비록 100미터 남짓한 높지 않는 바위 산이었지만, 평지에 자리잡고 있기 때문에 주변을 압도하는 기세를 지닌 터 였다. 파르테논 신전에 올라가서 주변 산세를 조망하니, 파르테논 신전 터는 '사자앙천'(獅子仰天) 자리에 해당되는 터였다. 사자가 하늘을 향해 입을 벌리고 포효하는 자리였다다. 독립적으로 우뚝 솟은 봉우리 위에 자리잡은 신전인 파르테논은 사자 대가리에 자리잡고 있었다. 유선사는 용 대가리에 자리잡고 있는 비룡망해(飛龍望海)의 터이다. 서양은 사자가 상징이고, 동양은 용이 상징이다. 물론 호랑이도 있지만 용이 더 우선이다. 용 대가리에 자리잡고 있는 터를 예를 들어본다면 서울의 용산(龍山)이다. 용산은 용의 머리에 해당한다. 여의도가 이 용이 희롱하는 여의주이다. 그래서 이름에도 여의(如意)가 들어갔다. 용의 머리에는 뿔이 2개 있다. 한 개는 현재 국방부 자리이고, 다른 하나는 옛날 철도고등학교 자리였다. 80년대 후반 철도고등학교가 이전하면서 그 빈자리가 경매에 나왔는데, 통일교의 문선명 총재가 이 자리를 알아보고 선점하였다. 지금은 용산 개발의 한복판 지점이 되어서 수십층의 주상복합 고층 건물이 들어서 있다.

V. 수두목승(水斗木升)

두승산은 평지에 우뚝 솟아 있는 독립된 모양의 산이지만, 자세히 살펴보면 9개의 작은 봉우리로 이루어져 있다. 이 9개의 작은 봉우리가 들어갔다 나왔다 하면서 쭉 연결되어 있는 형국이다. '비룡망해'로 볼 경우에는 이 9개의 봉우리가 용의 등에 솟아난 비늘이나 작은 혹으로 볼 수 있다. 용의 등 쪽에는 작은 혹이 있어야만 실감난다. 밋밋하면 죽은 용이다. 울퉁 불퉁 갈 지(之) 자로 가야 좋다. '직룡(直龍)은 사룡(死龍)이다'라는 말이 풍수서(風水書)에 나와 있다. 이 9개의 봉우리 중에서 가장 높은 봉우리가 '말봉'이라고 부른다. 말(馬)이라는 뜻이다. 그리고 이 말봉 위의 정상 바위에 '水斗木升'이라는 글사가 새겨져 있고, 둥근 모양과 네모진 모양의 돌이 조각되어 있다. 두(斗)

와 승(升)을 글자로, 모양으로 만들어 놓은 것이다. 두승산(斗升山)이라는 이름을 풍수도참 식으로 해석해 놓은 셈이다. 두(斗)는 한 말, 두 말 할때의 말이다. 승(升)은 한 되, 두 되 할때의 되이다. 곡식을 계량할 때의 단위인 '말'과 '되'를 가리킨다. 고려시대부터 불려왔던 두승산이라는 명칭은 호남평야의 곡창지대 한 복판에 자리 잡고 있다는 점과 관련 깊다. 쌀을 계량하는 단위인 '두승'(斗升)이라는 작명은 호남평야에서 수확한 쌀을 계량한다는 의미가 아닐까? 말하자면 두승산이 호남의 쌀을 모두 관리 감독하고 있다는 종교적 의미로 해석할 수 있다. 두승은 바로 관리 감독의 의미라고 보여진다. 이는 바로 두승산이 전체 호남평야를 관장하는 중심이라는 뜻이기도 하다. 호남평야를 대표하는 3대 거대 저수지인 김제의 '벽골제', 익산의 '황등제', 고부의 '눌제'가 모두 두승산의 가시권 내에 자리잡고 있는 점도 주목해야 한다.

그런데 이 두승(斗升)을 '수두목승'(水斗木升)으로 해석하였다. 왜 '수두목승'인가? 왜 두승에다가 수(水)와 목(木)을 붙였는가? 이건 어떤 의미가 있는가? 이것은 상당한 풍수도참(風水圖讖)의 의미가 들어가 있는 작명이 아닐수 없다. 수두목승이라는 글자를 보았을때 드는 생각은 '수모목간'(水母木幹)이 다. '편년통록'(編年通錄)에 보면 개성에 있었던 고려 태조 왕건의 집터가 바로 수모목간의 명당이었다고 나온다. 즉 '수모목간 내락마두'(水母木幹 來落馬頭)의 터 였다는 것이다. 도선국사가 왕건의 아버지인 용건(龍建)의 집터를 개성의 남쪽에 잡아줄 때 언급한 표현이다. 한반도의 지세는 북방 백두산에서 시작되었다는 의미에서 수모(水母)이다. 백두산의 천지(天池)는 물이다. 북방은 물의 방향이고, 백두산의 천지가 여기에 정확하게 부합된다. 백두산에서 흘러내려온 맥이 동쪽으로 흘러 내려왔다는 의미에서 목간(木幹)이 성립된다. 오행의 법칙에서 볼때 수생목(水生木)이다. 수에서 목이 나온다. 백두산에서 동쪽으로 흘러내려온 맥이 개성에 내려왔다는 거시적인 시각도 있고, 개성의 북쪽인 송악산, 오관산의 맥이 동쪽 방향으로 틀어 용건의 집터로 내려왔다는 미시적인 의미도 포함되어 있다. 도선국사가 용건에게 지으라는 집의 칸수도 36칸 집이었다. 왜 36인가? 수(水)는 숫자로 6을 상징한다. 이럴때는 보통 제곱을 해서 표현한다. 49일 기도를 7.7 기도라고 표현하는 것이 그것이다. 수의 성질을 나타내는 36칸 집을 짓고 왕건이 태어났고, 왕건이 삼한을 통일하고 고려를 건국하였다. 왕건이 태어난 집터가 '수모목간' 이었다고 한다면 이는 무엇을 의미하는가? 제왕이 태어날 수 있는 신령한 터가 바로 수모목간 터라는 이야기 아닌가? 한국의 풍수도참 사상을 따지고 들어가 보면 왕권풍수설(王權風水說)이다. 왕권은 하늘로부터 받는데, 이 하늘의 뜻은 풍수에 의해서 좌우된다는 사상이 밑바탕에 깔려 있다. 도선국사와 왕건이 바로 이를 증명했다.

두승산의 수두목승은 왕건이 태어난 집터를 설명하는 풍수도참인 수모목간과 같은 맥락이다. 그렇다고 한다면 두승산에서 제왕이 태어난다는 의미로 해석이 가능하다. 수두목승이 새겨진 봉우리 이름도 하필이면 말(馬)봉이다. 왜 말 봉 이란 말인가? '수모목간 내락마두(來落馬頭)'도 여기에 겹쳐진다. 수모목간으로 내려온 지맥이 '내려와서 떨어진 자리가 말 대가리 자리이다'는 것 아닌가. '말 봉 위에 새겨진 수두목승'은 '수모목간 내락마두'와 같은 구조이다. 수두목승을 새긴 인물은 도선국사의 수모목간을 글자만 바꿔서 새겨놓았다는 사실을 알 수 있다. 왜 그랬을까? 제왕이 이 두승산 밑에서 태어난다는 어떤 예언이 있었던 것일까? 수백 년 세월을 두고 두승산에서 인물이 나온다는 전설이 전해져 오고 있었던 것일까? 아니면 당대 민중들의 희망이 풍수도참의 형태로 투사된 것일까? 아니면 수두목승을 새긴 사람의 개인적인 희망사항이었을까? 예언과 신탁은 허무하게 끝날 수도 있다. 신탁이라고 해서 다 맞는 것도 아닌 사례를 우리는 무수히 보아왔다. 과연 수두목승의 바램대로 두승산 밑에서 왕건과 같은 제왕이 태어났는가를 살펴 보아야 한다. 19세기에서 20세기 초반에 이르는 시기에 두승산에서 제왕이 태어나기를 바라는 마음에서 이 같은 글자를 새겨 놓았을텐데, 과연 그러한 희망이 우리 근대사에서 발현된 적이 있었는가를 추적해 보면 흥미로운 사실이 발견된다.

우선은 전봉준(全琫準, 1855-1895)이다. 1894년 동학농민혁명의 최초 봉기처가 바로 전북 고부이다. 고부는 두승산 자락에 해당한다. 두승산의 정기가 이어져 간 지점이 고부인 것이다. 그렇다면 동학혁명의 발상지가 바로 두승산 권이고, 전봉준이 바로 여기에서 태어나서 자라고 혁명의 지도자가 된 셈이다. 동학혁명이 외세의 개입으로 결국 실패하였지만, 외세만 없었더라면 성공했을 것이고, 전봉준은 새로운 지도자가 되었을 것이다. 전봉준이 성공했더라면 왕건과 같은 인물이 되었을 가능성이 있다.

두 번째 생각해볼 인물은 강증산(姜甑山, 1871-1909)이다. 강증산은 두승산 아래의 '손바래기', 즉 객망리(客望里)에서 태어났다. 두승산 정기 받고 태어난 인물이 강증산이다. 증산은 청년시기인 23세때 동학혁명(1894)이 발생하였다. 자신이 살던 동네가 혁명의 발원지였으니, 혈기방장하던 청년 증산이 동학에 가담하지 않을수가 없었을 것이다. 우금치 전투에서 동학군이 일본군의 모젤 기관총에 거의 전멸당하면서 동학 가담자들은 추적대를 피해 숨어 다녀야만 하였다.

증산은 이 처참한 참상과 일본 추적대의 추적을 피해서 겨우 목숨을 건졌다고 보아야 한다. 그러나 그 억울하고 분한 마음은 다독거리기 어려웠다고 보아야 한다. 일본군의 무력에 당했다는 생각이 떠나지를 않았다. 겨우 목숨을 부지한채 시대의 부조리에 고뇌하던 청년 증산은 결국 김제 모악산(母岳山)에 입산한다. 모악산의 대원사(大院寺)에 들어가 마음을 어느 정도 추스린 다음에는 목숨 걸고 기도를 하기로 작정한다. 유가적인 학습을 받은 식자층이 절에 들어가 기도를 하기까지는 인식의 전환이 필요하다. 결국 대원사 산신각에 들어가 죽기 살기로 기도를 한다. 그리고 엄청난 초능력을 얻게 된다. 증산은 모악산에 들어갈 때 인생의 무상을 느껴서 들어간 것이 아니라, '권능(權能)을 얻기 위해 들어갔다'고 술회했던 대목이 전해진다. 물리적인 파워를 얻기 위해 기도를 했고, 기도를 마친 후에 엄청난 초능력을 갖게 된 것이다. 대중은 말 보다는 신통력에 반응한다. 증산은 이 신통력으로 호남의 민심을 다독거렸다. 동학혁명의 후유증으로 남자들은 거의 다 죽고, 병신이 되고, 일상 생활은 망가져버린 호남민심을 달래준 것이 증산이라고 본다. 증산은 그 신통력으로 인해서 신격화 된다. 사후에 상제(上帝)로 받들어진 것이다. 증산은 죽고난 뒤에 상제로 신격화 되었다. 강증산의 뒤를 이어 차경석(車京石, 1880-1936)이 등장하였다. 보천교(普天敎)가 그것이다. 왜정때 전성기에는 300만 신도까지 이르렀던 보천교의 교주가 바로 차경석이다. 차경석은 일명 차천자(車天子)로 일컬어졌다. 제왕이라는 뜻이다. 차경석은 지금의 고창군 선운사 근처에서 태어났다. 이 지점 역시 고부의 영향권에 속한다. 직선거리로 두승산과 선운사는 30-40리 거리 밖에 되지 않는다. 지척거리이다. 이렇게 놓고 본다면 전봉준과 강증산의 정신적인 맥을 계승한 인물이 차경석이다. '수두목승'의 예언은 헛되지 않았다. 전봉준,

강증산, 차경석이라는 3명의 인물을 출현케 하였다.

Ⅵ. 미륵신앙과 혁명

　유선사(遊仙寺)는 이름에 선(仙)이 들어간다. 왜 절 이름에 신선이 들어갔는가. 충남 수덕사(修德寺)가 있는 덕숭산에도 금선대(金仙臺)라는 암자가 있다. 부처를 금선(金仙)이라고도 부른다. 어찌되었든 간에 여기에도 역시 선(仙)이다. 불교 이전에 도교가 더 유행했었다는 증거라고 본다. 두승산은 도교의 삼신산 가운데 하나인 영주산으로 불리웠다. 변산이 봉래산, 그리고 바로 옆에 방장산이 있다. 이러한 이름들의 배치는 신선을 좋아했던 도교의 흔적이다. 백제시대에 유행했던 도교사상의 영향인 것이다. 그러다가 불교로 변해갔다. 도교에서 불교로의 전환이다. 유선사도 선(仙)자가 들어가긴 하지만 결국 절 이름 아닌가. 불교도 여러 가지 스타일이 있다. 불교는 골짜기가 여러 군데 있어서 한 눈에 파악하기 어렵다. 이 골짜기 가면 이거 같고 저 골짜기 가면 저거 같다. 백제가 망하면서 이 지역에는 미륵불교가 유행하였다. 미륵은 석가불 이후에 오는 미래불이다. 메시아와 같다. 두승산을 중심으로 해서 백제 미륵불교의 중요한 사찰과 유적지가 모두 포진되어 있다는 점을 주목해야 한다. 선운사 도솔암의 미륵불이 바로 두승산 지척에 있고, 금산사 미륵전, 그리고 익산의 미륵사도 가깝다. 그런가하면 백제가 망한 뒤에 전국적인 명성을 얻게 되는 진표율사의 수행처도 두승산 바로 앞에 보이는 변산(邊山)에 있다. 백제가 망한 뒤에 호남지역에 유행했던 불교는 미륵불교였다. 미륵불이 나타나기를 대망했던 사람들이 호남 사람들이다. 그래서 도탄에 빠진 중생들을 구원해 주기를 바랬다. 호남은 평야지대이고 농경지대이므로 농업용수의 보급이 가장 중요하였다. 벽골제, 황등제, 눌제라고 하는 3개의 대형 저수지를 축조한 이유도 농사 때문이다. 물이 무엇보다 중요하였다. 물의 신이 용이다. 불교가 들어오기 이전에 이 지역에서는 용신(龍神)을 섬겼다고 보여진다. 기우제의 대상도 용이다. 용에게 빌어야만 비가 온다고 믿었다. 우리 고대어에 보면 용은 '미르'라고 발음하였다. '미륵'도 발음이 비슷하다. 필자는 '미르'가 '미륵'이 되었다고 본다. 용신이 미륵불로 전환된 셈이다. 미륵불이 전래되면서 기우제를 미륵불에게도 지낼수 있게 되었다. 금산사의 벽골제, 미륵사의 황등제, 그리고 선운사의 눌제가 모두 미륵신앙 중심지이고, 이 3곳은 모두 곡창 지대의 한 복판에 있는 사찰들이다. 가을 수확이 끝나면 호남의 농민들이 추수감사제를 올리던 절이라고 해도 과언이 아니다. 농사의 물을 대기 위하여 용신을 섬기던 사람들이 모두 미륵불을 모시게 된 것이 아닐까. 그리고 나중에는 이 미륵불이 혁명사상으로 전환되었다. 조선왕조가 망하는 혼란기에 동학혁명, 증산교, 보천교가 이 미륵사상 중심지에서 발원하였다는 점도 이 같은 맥락에서 생각해야 할 것이다. 유선사는 그 혁명의 발상지에 해당한다. 태풍의 눈 같은 지점에 자리잡고 있다. 오늘날 유선사는 성수 스님이라는 한 분의 비구니 스님이 자신의 일생을 바쳐 혼자 힘으로 복원한 절이다. 그 전에는 거의 폐사상태였다. 얼마나 험난하였겠는가. 사찰의 건물들도 수준급은 아니다. 그러나 유선사의 절터와 두승산이 깔고 있는 역사적 배경은 매우 크고 넓다. 호남 미륵불교의 한 복판에 위치한 절인 것이다. 그렇지만 그 역사가 드러나지 않고 잠복되어 있었다. 백제의 멸망과 후백제의 좌절, 그리고 조선조의 억불성책, 구한말의 사회혼란과 동학혁명을 겪으면서 모든 자료와 자취가 인멸되었다. 남은 것이 없는 상태이다. 그 폐허와 인멸을 디디고 서서 새로 절을 지은 인물이 성수 비구니이다. 성수 스님의 부탁을 받고 사지(寺誌)를 쓰려다 보니 유선사가 지니고 있는 역사적 사상적 배경이 너무나 넓고 뿌리가 깊은 광맥임을 발견하였다.

두승산 유선사의 풍수

김기덕

Ⅰ. 불교 山寺 입지와 풍수

우리나라의 불교 산사가 위치하고 있는 곳은 전통적인 풍수사상과 떼어놓고 설명할 수 없다. 즉 아무 곳이나 산사가 위치한 것이 아니라, 풍수적으로 좋은 곳에 산사가 자리잡은 것이다. 따라서 본 글은 두승산의 유선사 풍수를 검토하는 글이지만, 풍수란 무엇인지, 그리고 그러한 풍수를 분석하는 방법론에는 무엇이 있는지를 서론격으로 밝히고자 한다.

1. 풍수란 무엇인가?

풍수란 자연과 인간의 합일(合一)사상의 바탕 위에서, 인간 삶의 조건에 적합한 자연환경을 선택하고자 한 인간 지혜의 산물이다. 풍수에 적합한 장소는 흔히 장풍(藏風)과 득수(得水)가 된다. 그렇지 못한 곳은 반대로 바람을 갈무리하지 못하고 물을 올바로 얻지 못한다. 따라서 인간이 살기에 좋은 땅인지 아닌지를 판단할 수 있는 요소로 바람과 물이 가장 중요하므로 풍수(風水)라는 용어로 표현된 것이다.

풍수 즉 바람과 물이 풍수학에 있어 가장 중요한 요소이지만, 그러한 바람과 물이 풍수의 본질은 아니다. 풍수의 주체는 땅이다. 그런데 그 땅이 인간이 살기에 적합한지 아닌지를 판단할 수 있는 가장 좋은 도구가 바람과 물의 조건인 것이다. 그러므로 풍수라고 할 때에는 이미 땅이 전제된 것이다. 따라서 풍수는 당연히 풍수지(風水地)의 이치(理)인 것이며, 거꾸로 땅(地)은 기본 전제된 것이기에 풍수지리를 간단히 풍수라고 표현할 수도 있는 것이다.

일찍부터 인간은 삶에 영향을 주는 주된 요소로 지·수·화·풍(地水火風)을 도출하였다. 만물의 근원을 따지던 그리스 시대의 철학자들이 그러하였고, 불교적 사유(思惟)체계가 그러하였다. 이것을 풍수에 대입해 보자. 풍수지리(風水地理)라고 하면 앞에서 언급했듯이, 풍·수·지(風水地)를 반영한다. 그렇다면 지수화풍에서 남는 것은 화(火)로서 그것은 태양이다. 그런데 태양은 인간에게 가장 중요한 조건이지만, 기본적으로 어느 지역이나 골고루 비추어 준다. 비록 남향과 북향 등 방향에 따라 태양의 혜택은 차이가 있지만, 원칙적으로 태양은 만물과 사방을 차별없이 비추어준다. 따라서 태양을 굳이 좋은 땅의 조건으로 삼지는 않았다. 그 점이 지수화풍을 반영한 풍주지리에서 화(태양)가 빠진 이유이다. 물론 오늘날의 풍수 특히 주거지 풍수에서는 태양의 조건을 중요시한다. 남향에 대한 선호가 그것이다. 그러나 고층건물 등이 없었던 옛날에는 태양은 기본적으로 골고루 비추어 주었고, 풍수지리에서 태양의 화(火)는 다른 본질적인 조건들과는 차이가 있었다고 할 수 있다.

　인간이 살기에 적합한 자연환경을 선택하는 것은 일반적인 지리(地理)사상과도 같다. 그래서 어떤 사람들은 동양의 전통적인 지리사상이 바로 풍수지리라고 말하기도 한다. 그러나 풍수가 일반적인 지리사상과 결정적으로 다른 점은 땅의 기 즉 지기(地氣)를 전제하고 있다는 점이다. 현대의 사람들에게 풍수의 지기라는 본질을 명확하고 체계적으로 설명하기란 쉽지 않다. 그러나 이러한 어려움은 전통적인 동양적 사유방식을 적용하면 어느 정도 해결할 수 있다.

　동양적 사유방식은 '모양'에 '본질'이 담겨 있다는 것이다. 즉 항상 본질은 모양이라는 현상을 통해 구현된다. 따라서 모양을 보면 본질을 알 수 있다. 이것을 풍수에 적용하면 비록 지기라는 본질은 파악하기가 쉽지 않으나, 그것이 구현되는 모양을 통하여 우리는 지기를 가름할 수 있는 것이다. 이해의 편의를 위하여 그것을 다음과 같이 도식화해 보자.

　위의 도식은 필자가 이해하는 풍수이론의 도출과 현실적용의 과정이다. 먼저 (1)의 지기는 풍수의 전제가 되는 것이다. 따라서 풍수는 (1)의 지기가 전제되지 않는다면 어떠한 논리도 성립될 수 없다. 지기란 무엇인가? 지기 자체에 대한 논리적인 설명도 앞으로 더욱 천착되어야 한다. 그러나 현재 지기 자체에 대한 이해가 누구나 공감할 수 있는 수준이 아니라고 하여, 풍수 자체를 부정하는 것은 옳은 태도가 아니라고 생각한다. 왜냐하면 지기를 간접적으로 확인할 수 있는 것이 바로 (2)의 실제 자연의 지세이기 때문이다. 자연은 그저 제멋대로 생긴 것이 아니다. '질서(秩序)'가 있는 것이다. 그 질서가 무엇인가? 바로 지기의 흐름이 가져온 것이다. 따라서 눈에 보이지 않는 (1)의 지기는 눈으로 확인할 수 있는 (2)의 자연의 지세(地勢)로 간접적으로 증명될 수 있다.

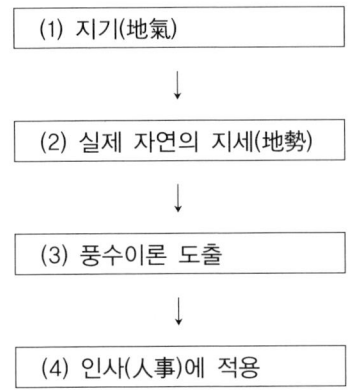

실제 자연의 지세가 지기를 반영하고 있으므로, 그 관계 속에서 논리를 도출한 것이 (3)의 풍수의 이론인 것이다. 그러므로 (1)과 (2)와 (3)은 한묶음과 같은 것이다.

그러나 풍수이론의 최종적인 목적은 단지 자연을 설명하는 데에 있는 것은 아니다. 인간사의 제반 문제점들을 해석하고자 하는 것이다. 따라서 (1)과 (2)를 통해 도출된 (3)의 풍수이론은 (4)에서처럼 인사(人事)에 적용되는 것이다. 위와 같은 과정이 풍수이론의 도출과 현실적용의 도식화라고 할 수 있다. (1)과 (2)를 통하여 (3)의 풍수이론이 나온다고 하여 모든 사람이 똑같은 풍수이론을 내는 것은 아니다. 또한 (3)의 이론을 갖고 (4)의 인사에 적용할 때에도 역시 사람마다 전부 똑같은 적용방식을 제시하는 것은 아니다. 어떤 점에서 같고 다른가? 그리고 어느 이론이 좀더 타당성이 있는가 하는 점이 풍수의 방법론이며 풍수이론의 우열(優劣)의 차이라고 할 수 있다.

여기에서 앞에서 언급한 풍수논리의 도식화에 있어 핵심이 되는 (1)

과 (2)의 관계, 즉 지기의 상태는 실제 자연 지세의 여러 모양으로 나타난다는 점을 좀더 언급해 보기로 한다. 이것은 결국 실제 자연의 모양과 현상에는 지기라는 본질이 담겨 있다는 사유방식이라 할 수 있으며, 그것은 크게 '모양론'의 범주라고 할 수 있을 것이다.

사실 기본적인 모양론은 동서고금에 공통된 사유방식이라고 할 수 있다. 예를 들어 가로줄무늬는 납작한 느낌, 세로줄무늬는 길쭉한 느낌을 준다. 그러한 무늬의 옷을 입고 있는 사람을 보면 우리는 실제 무늬에 따른 느낌을 받는다. 더 들어가면 이러한 모양론은 우리의 전통적인 사고방식과 실제 생활에 그대로 배어 있다. 밥상의 모서리에 앉지 말라는 어른들의 가르침은 모서리는 양쪽 직선이 찌르는 곳이므로 결국 우리 몸이 찔리게 되어 소화도 잘 되지 않을뿐더러 우리 몸이 공격을 받는다는 생각에서 나온 것이다. 여기에서 연장되면 반듯한 언행에 반듯한 정신이 깃든다는 생각으로 이어진다. 각종 민속이나 민화의 소재들에 반영된 모양론은 그 예를 모두 들기 어려울 정도이다. 다산(多産)을 상징하는 잉어병풍이나 부귀를 상징하는 모란병풍은 그 대표적인 예이다. 그러한 그림의 모양이 실제 그 집의 상태를 그렇게 만든다고 하는 믿음인 것이다.

한약의 약재를 판별하는 본초학(本草學)은 실제 실험을 통해 약재를 선택한 것이 아니고 기본적으로 모양론을 통해 시작된 것이다. 가시와 같이 날카로운 열매를 갈아 먹으면 실제 사람 몸의 종기를 째고 나올 것이라는 모양론에서 약재가 선택되었다. 그리고 그렇게 선택된 약재들은 실제 그러한 효험을 나타낸다.

이처럼 모양론에 입각한 사고방식은 사실은 풍수를 넘어서서 아주 일반적인 것이다. 인테리어풍수라고 명명되는 서양의 풍수논리는 전부 이러한 논리에 근거해 있다. 이것을 '끌어당김 법칙(Law of attraction)'이라고 한다. 우주에는 다양한 기운이 존재한다. 이 가운데 사람들은 자신이 원하는 바를 끌어 쓰면 된다. 부자가 되고 싶으면 부자들과 가까이 하고, 그들의 행동을 습관화한다. 큰 정치인이 되고 싶은가? 큰 정치인들이 있는 곳으로 가야 하고, 그들의 성공 요인을 분석하고 따라 하는 것이다. 결혼을 원한다면 침대에 베개를 하나가 아닌 두 개를 놓고, 옷장도 미래의 배우자를 위해 반은 비운다. 노부부 집이라면 유명 화가 그림이 아닌 손자·손녀들의 순진무구한 그림 한 점을 걸어두면 더 많은 기쁨과 건강을 준다.[1] 이러한 끌어당김 법칙은 앞에서 언급한 '모양론'과 같은 논리라고 할 수 있다.

지금까지의 내용을 정리하자면 '모양론'은 다음과 같이 요약할 수 있다. 첫째, (1)의 지기는 (2)의 실제 자연 지세의 모양으로 그대로 나타난다. 즉 (1)의 본질이 (2)의 현상으로 나타나는 것이다. 그리고 이 점을 보다 설득력있게 설명하는 이론일수록 보다 올바른 풍수이론이라고 할 수 있다. 둘째, 그 역도 성립한다고 믿는다. 그것은 일종의 보완론이다. 풍수의 비보론(裨補論)이 그것이며, 인간사에 수도 없이 시도되고 있는 각종 행동양식이 사실은 이러한 이론에 기초하고 있다. 그것은 결국 (2)의 현상을 변화시킴으로써 (1)의 본질 또한 변화 내지는 보완하는 방법이라고 할 수 있다.

오랫동안 발전되어 온 풍수이론은 이와 같은 두 가지 측면에서 전개되어 왔다. 그러나 현재 다소 부정적으로 인식되고 있는 풍수이론의 과제는 다음과 같다. 먼저 (1)의 지기 자체가 좀 더 해명되어야 한다. 이것이 현대 풍수의 과제이기도 할 것이다. 아마도 에너지 역학의 논리나 양자역학은 앞으로 지기에 대한 설명을 크게 도와줄 수 있을

---

[1] 김두규, 國運風水, 조선일보 2015년 6월 28일자

것으로 전망된다.

다음으로 지기가 반영된 자연지세를 가지고 도출된 (3)의 풍수이론이 새롭게 정립되어야 한다. 기존의 이론을 발전적으로 수용하되, 오늘날의 수준에서 합리적으로 받아들일 수 있는 새로운 논리와 언어로 재창조될 필요가 있을 것이다. 그리고 그러한 과정에서 기존의 무수한 풍수이론의 옥석(玉石)이 가려질 수 있을 것이다. 그것이 이 시대 풍수이론의 재해석, 재창조과정이라고 생각한다.

마지막으로 풍수이론을 인사에 적용하는 논리 또한 21세기 변화된 상황에 적용될 수 있도록 발전적으로 새롭게 추구되어야 한다. 풍수이론은 결국 인간사의 제반문제를 해석하고 해결하기 위하여 나온 것이므로, 이 측면을 결코 무시할 수 없는 것이다. 흔히 길흉론(吉凶論)은 풍수의 본질이 아니라고 하고 오히려 배격하는 경우도 있다. 물론 어떤 합리적인 설명없이 단순한 길흉론으로 흐르는 것은 병폐일 것이다. 그러나 올바른 길흉론도 풍수의 본질임을 인정해야 한다. 이 점에 대해서는 뒤에서 좀더 언급하도록 하겠다.

본 절을 끝맺으면서 한 가지를 덧붙인다면, 풍수는 산 사람의 집터를 대상으로 하는 양택풍수와 죽은 사람의 무덤터를 대상으로 하는 음택풍수가 있다. 산 사람이든 죽은 사람이든 결국 사람이 사는 집이므로 집택자(宅)를 쓰는 것이다. 산 사람의 집터는 그 대상이 한 집에서부터 여러 집이 모인 마을 그리고 큰 고을까지 확대될 수 있다. 따라서 양택에서 구분하여 마을풍수나 도읍풍수와 같이 단위가 큰 것을 양기(陽基)풍수라고 부르기도 한다.

양택이든 음택이든 그리고 양기풍수이든 그 풍수의 본질은 같다. 다만 다음에 설명할 사신사(四神砂)의 크기가 음택은 작고 양택은 크며, 양기풍수는 더욱 크다는 차이가 있을 뿐이다. 그리고 마을이나 도읍풍수로 가면 풍수의 조건이 실제의 삶의 편리함과 물산(物産)의 이동 등 현실의 제반 사회생활과도 부합되어야 한다는 측면이 첨가된다.

풍수를 산사(山寺)에 적용해 보자. 현재 풍수가 과학적으로 인정되든 그렇지 않든, 우리나라의 모든 전통 산사는 기본적으로 풍수적 논리가 적용되었다. 즉 풍수적 입지조건을 빼놓고서는 산사를 설명할 수 없는 것이다. 산사는 지기(志氣)가 전제되며, 그 결과 기도발이 있어야 하는 것이다. 이 점에서 산사에 대한 이해는 특히 풍수적 조건 여부에 대한 검토가 필수적으로 요청된다고 할 것이다.

2. 풍수의 방법론

풍수에서는 3가지 방법률이 있으며 풍수의 서술에 있어서 본 글에서는 형기론(形氣論)의 방법론을 사용하였다.

(1) 이기론(理氣論) 위주의 풍수 : 산(山)의 사주(四柱)를 보는 것이다

풍수에서 이기론(理氣論) 위주의 방식은 크게 보아 산의 사주를 보는 것이라고 할 수 있다. 천문(天文)을 인간사의 길흉화복에 적용한 것이 사주명리학(四柱命理學)이다.

즉 어머니의 탯줄을 끊고 한 인간이 탄생하는 순간, 지구를 둘러싼 행성의 위치에 따라 각기 다른 에너지가 입력된다는 것이다. 그래서 인간이 태어난 순간의 시점이 간지(干支)로 무슨 해(年柱라고 한다), 무슨 달(月柱라고 한다), 무슨 일(日柱라고 한다), 무슨 시(時柱라고 한다)에 해당하는 가를 찾는다. 이처럼 생년 · 월 · 일 · 시의 네 가지는 한 인간의 운명을 판단하는 기본적인 4가지 요소이므로, 네 개의 기둥(년주 · 월주 · 일주 · 시주) 즉 사주(四柱)라고 한다. 그리고 각각의 기둥은 간지로 두 글자씩이 나오므로, 결국 사주는 팔자(八字)인 것이다.

사주명리학은 이렇게 나온 8글자를 음양오행의 상생(相生)·상극(相剋)의 원리를 이용하여 풀이하는 것이다. 풍수에서의 이기론의 방법론은 마치 땅의 사주를 보는 방식과 유사하다. 한 번 비유해 보자. 이기론에서는 먼저 선택한 혈자리에서 물이 빠지는 방향을 패철로 측정하고서는 그것으로 5행에 따라 4개의 국(局)을 정한다. 토(土)는 중앙에 해당하므로 빠진다. 그래서 토국(土局)은 빼고 금국·수국·목국·화국의 4개의 국만을 정하는 것이다. 이렇게 기본 국을 정한 뒤에 혈로 들어오는 용(龍) 즉 산의 흐름을 패철로 잰다. 그것은 마치 혈의 생년 즉 년주를 뽑는 것과 같다. 다음으로 혈에서 물이 들어오는 방향을 패철로 잰다. 그것은 마치 혈의 생월 즉 월주를 뽑는 것과 같다. 다음으로 혈의 향(向)을 잰다. 그것은 마치 혈의 생일 즉 일주를 뽑는 것과 같다.

다음으로 주위의 산들을 패철로 잰다. 이것은 마치 혈의 생시 즉 시주를 뽑는 것과 같다. 이렇게 혈의 사주를 뽑았다면 그것을 어떻게 판단할 것인가? 사주에서는 인간관계로 배정된 오행의 상생상극으로 풀이했다면, 이기론에서는 12포태와 3합관계로 본다. 12포태와 삼합에 대한 설명은 생략한다. 필자는 처음 역학도 모르고 풍수도 모르던 시절, 각종 그림과 도표로 장식된『지리오결』을 보고 아무 것도 이해할 수 없는 나 자신을 부끄러워하며 겁을 먹은 적이 있다. 그러나 역학을 알고 풍수를 배운 뒤 그 책을 다시 보았을 때, 그『지리오결』의 '참을 수 없는 존재의 가벼움'에 나 자신도 놀랐다. 흔히『지리오결』의 오결이란 용·혈·사·수·향을 말한다. 여기서 주인공인 혈을 빼면 나머지 4가지 요소는 결국 사주이며,『지리오결』이라는 책은 땅 즉 혈의 사주를 패철로 측정하는 방식에 지나지 않았던 것이다.

여기서 한 가지 오해의 여지가 있어 덧붙여 둔다. 필자의 입장이 사주를 부정적으로 보고, 그 부정적으로 보는 사주의 방식을 이기론 풍수가 땅에 적용했기 때문에 다분히 이기론을 부정적으로 보고 있는 것은 결코 아니다. 필자는 사주를 긍정적으로 보고 있다. 기회가 있으면 새로운 시각에서 사주에 관한 책도 쓰고 싶다. 필자는 이기론 풍수를 기본적으로 땅의 사주를 보는 것으로 비유했는데, 사실은 거기에는 수 많은 가정이 있다. 즉 사람의 사주를 뽑듯이 바로 땅의 사주를 뽑을 수 없으므로, 숱한 가정이 들어가는 것이다. 예를 들어 혈에서 물이 빠지는 지점을 기준으로 4개의 국을 설정하는 것도 하나의 가정이며, 혈에서 주위의 산을 패철로 재서 그것을 12포태로 판명하는 것도 하나의 가정이다. 방식만 인간의 사주명리학과 비슷하지 사실은 수많은 새로운 가정이 개입되어 있는 것이다. 그런 점에서 필자는 이기론 풍수를 자연의 이치에서 벗어나, 책상 위에서 자연을 재단한 것으로 보고 부정적으로 평가하는 것이다.

물론 이기론 풍수를 통해서도 정확한 혈자리를 찾는 것에 도달할 수 있는 가능성을 완전히 부정하지는 않겠다. '어떠어떠한 방식으로는 절대로 안된다'라는 시각은 옳지 못하기 때문이다. 어쩌면 어떤 방식이든 최고의 고수는 서로 통하고 일치할지도 모를 일이다. 그러나 필자의 경험상 이기론 풍수는 대단히 허망한 것이라고 평가하고자 한다.

(2) 형기론(形氣論) 위주의 풍수 : 산의 관상(觀相)을 보는 것이다

형기론은 산세의 모양이나 형세상의 아름다움을 유추하여 혈을 찾는 이론이다. 그래서 필자는 그것을 한마디로 산의 관상을 보는 것이

라고 표현하였다. 형기론은 크게 생기가 왕성한 산줄기를 찾는 간룡법(看龍法)과 혈의 생기가 흩어지지 않도록 주변의 산봉우리가 감싸준 곳을 찾는 장풍법(藏風法), 그리고 용맥에서 응결된 혈을 찾는 정혈법(定穴法)으로 나누어진다.

그 각각에 대하여 간단한 설명을 해 두겠다. 간룡법은 먼저 산세가 높고 웅장하며 무성하게 산줄기가 뻗어내린 태조산에서 끊어지지 않고 이어져 주산으로 솟았는가와 용맥이 생기 왕성하게 흘러 뻗었는가 하는 점이 중요하다. 또한 용맥은 마치 새가 날개를 편 듯이 줄기가 겹겹이 내려 뻗어야 하고(이를 '개장'이라고 한다), 개장의 중심을 뚫고 용맥이 흘러야 하며(이를 '천심'이라고 한다), 벌의 허리와 학의 무릎처럼 잘록한 부분(이를 '과협'이라고 한다)이 있어야 산과 산 사이의 생기가 끊어지지 않고 이어진 것으로 본다.

장풍법은 혈에 응집된 생기를 바람으로부터 보호하기 위해 필요하다. 혈의 뒤쪽에 있으며 혈을 맺게 해주는 주산(主山)은 머리를 수그려 바람을 막고, 좌우에는 청룡과 백호가 둘러쳐 바람을 가두되 두 끝은 혈을 포근히 감싸안은 형상이어야 하고, 혈 앞 쪽으로 바라다 보이는 안산은 손님과 대화를 나누는 찻상처럼 낮고도 평편해야 하고, 안산 뒤쪽에 펼쳐진 조산은 주인에게 예를 표하는 손님처럼 모양이 수려해야 좋다고 본다.

정혈법은 주산으로부터 내려와 생기가 맺힌 혈을 정확히 찾는 방법이다. 혈이 속한 명당의 형세는 입수·선익·전순이 둘러싸서 혈에 응집된 기맥의 손실을 막고 외부에서 흉기가 침입하는 것을 방지해야 한다. 혈 자체의 모양새도 와·겸·유·돌로 되어 있어야 진혈이며, 흙의 색깔은 오색(五色)이 붉고 노란 빛이 감돌아야 한다고 본다.

이러한 형기론은 사실상 아주 일찍부터 발전되어 온 것이다. 그리고 산을 관상보듯이, 산의 모양새를 정밀하게 관찰하면서 형성된 이론이기 때문에 자연의 이치에 가장 부합하는 논리라고 생각한다.

(3) 물형론 위주의 풍수 : 산을 어떤 형상에 비유하여 보는 것이다

물형론은 산천의 겉모양과 그 안의 정기는 서로 통한다는 전제로 보거나 잡을 수 없는 정기를 구체적인 형상에 비유하여 표현하는 것이다. 이 때 판단의 중요한 기준은 안산(案山)의 모양새이다. 그리고 물형 중에서 힘을 쓴 곳이나, 긴장을 한 곳 혹은 정신을 집중시킨 곳을 혈로 간주한다. 예를 하나 들어 보자. 만약 안산의 모습이 책을 펴 놓은 것과 같은 모습이라면, 그것이 어디에 소용되는 물건인지를 갖고서 물형을 정한다. 이 경우는 흔히 '선인독서형(仙人讀書形)'이라고 물형을 설정한다. 그 다음에는 물형이 어디에서 힘을 쓸 것인가를 따져 본다. 선인이 독서하려면 눈에 힘이 들어가고 긴장될 것이다. 따라서 주변의 산세에서 신선의 눈에 해당하는 곳을 찾아 혈처로 정하는 것이다.

그러나 물형론도 사실상 많은 문제점을 갖고 있다. 무엇보다 같은 장소를 두고 주변의 산천 형세를 사람이나 동물에 비유하다 보니 보는 사람에 따라 해석이 주관적일 수밖에 없다. 예를 들어 똑같이 생긴 장소를 두고 어떤 사람은 금계포란형이라고 하고 어떤 사람은 장군대좌형이라고 한다. 한마디로 논리성이 약한 것이다.

본래 중국의 경우에서 보면 물형론은 풍수론의 정통 흐름은 아니다. 그런데 유독 우리나라에서는 물형론이 널리 퍼져 있다. 조사된 바에 따르면 음택·양택 가릴 것 없이 전국에 모든 마을은 이 물형론으로 뒤덮어져 있다고 해도 과언이 아닐 것이다.

그렇게 된 이유는 무엇일까? 필자가 생각하기에 그것은 산천의 형

세와 혈자리를 복잡한 설명없이도 설명할 수 있었기에 유행하였을 것이다. 그러므로 그것은 본래 풍수의 고수(高手)들이 애용하던 방법이었을 가능성이 크다. 그러나 뒤에는 풍수에 대해서 잘 모르는 자들이 없는 지식으로 풍수노릇하면서 이것 저것 가져다 붙이며 합리화하는 과정에서 더욱 널리 퍼졌을 가능성이 크다고 생각해 볼 수 있겠다.

그렇다면 형국론은 전혀 의미가 없는 것일까? 필자는 그렇게 생각하지 않는다. 음택과 양택으로 나누어 따져 보자. 음택의 경우에는 확실하게 혈자리를 찾은 뒤, 주위의 산세가 분명하게 물형으로 비유할 수 있을 정도로 확연할 때에는, 물형론의 방식을 동원하여 혈자리를 보충해서 설명하는 것은 유효하다고 생각한다. 즉 물형론은 1차적 방식이 아니라 2차적 방식으로는 일부 활용될 여지가 있다는 것이다. 사실상 분명하게 어떤 물형과 비슷할 때에는 그 또한 전혀 의미가 없는 것은 아니다. 그러므로 그 물형의 형체나 의미하는 바를 따라 보조적으로 활용하는 것은 유효하다고 본다. 물론 이 때의 전제조건은 누가 보더라도 이해가 될 만큼 그 물형이 분명해야 한다는 것이다.

양택의 경우에는 마을 단위로 배정되는 형국론은 문화사적 혹은 민속사적 해석이 더 중요하다고 본다. 한 가지 예를 들어 설명해 보자. 복치형(伏雉形)이라고 하여 '엎드린 꿩형'이 있다. 꿩은 예로부터 상서로운 짐승으로 생각하여 중요한 의식에 이용되었다. 조선시대에는 초례상에 꿩을 놓았으며, 왕비의 대례복에도 수많은 꿩을 수놓았다. 또한 꿩은 악을 물리치고 복을 불러 모으는 영물이라고 믿었다. 농촌에서 마을을 대표하는 농기의 맨 꼭대기나 무당의 모자에 꿩깃을 꽂아 꾸미는 것도 같은 이유이다. 전국에는 '엎드린 꿩형'의 마을이라고 하는 것이 많이 있다.

그 중 하나의 예를 들면 전북 완주군 구월면 석구리의 신봉마을에서는 '이 마을이 주위가 산으로 둘러 있어 아늑한 느낌을 주며 6.25와 같은 난리 때에 큰 피해를 입지 않은 것도 지형이 숲에 엎드린 꿩과 같이 생겼기 때문이다'라고 믿고 있다. 이 경우 먼저 마을에 좋은 일이 생기니까 '왜 그럴까? 아 우리 마을은 복치형이니까 그래'하는 과정에서 그 마을이 스스로 혹은 풍수가에 의해 '복치형'마을이라고 이름지어진 것으로 볼 수 있을 것이다.

〈물형론 참고도〉

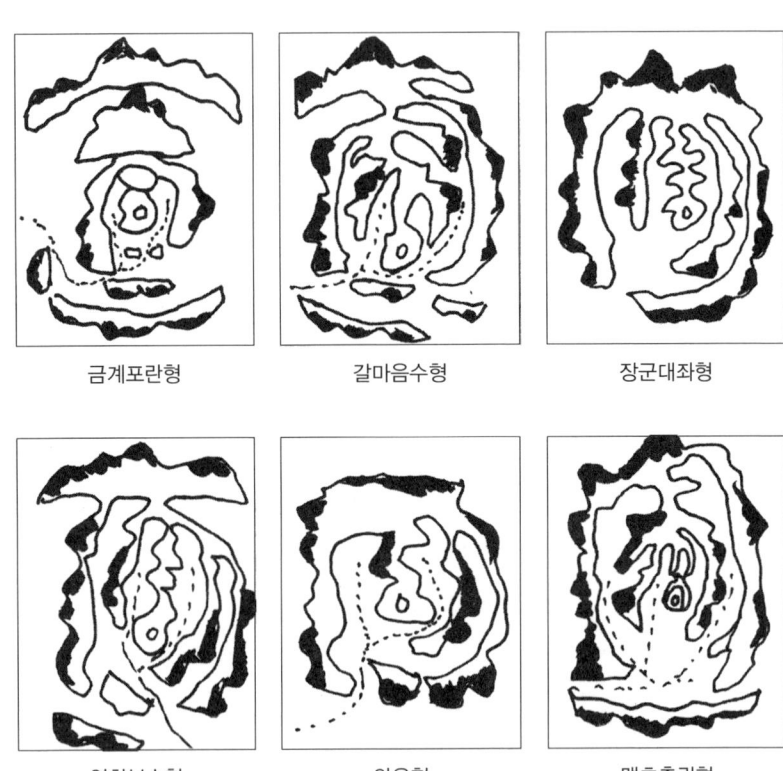

형국론도 부분적으로 타당한 경우가 있지만, 대부분 논리성이 떨어지는 경우가 많다. 이 점을 조심하고서 형기론과 결합하여 2차적으로 활용한다면 어느 정도 의미가 있을 것이라고 생각한다.

본 글에서는 기본적으로 형기론적으로 설명하였음을 밝힌다. 그리고 그것을 좀더 과학적으로 설명하기 위하여 다음에 설명하겠지만 『산경표』와 『대동여지도』를 활용하였으며, 현대의 1/20,000과 1/5,000 지형도를 제시하여 풍수적 조건을 설명하고자 하였다. 또한 관련 사진을 가능한 많이 제시하여 이해를 돕고자 하였다.

Ⅱ. 정읍과 두승산의 산세

본 장에서는 먼저 유선사가 속한 정읍과 두승산의 산세를 설명해 보고자 한다.

1. 정읍시 입지현황

현재 행정구역에서 두승산 유선사는 정읍시 고부면에 속해 있다. 따라서 유선사의 풍수적 조건을 검토하기 전에 정읍과 두승산의 산세를 검토하고자 한다. 먼저 정읍시의 기본 입지를 살펴보면 다음과 같다.

정읍시는 전라북도의 서남부에 위치하며 동남방향으로는 호남정맥이 뻗어내려 산악지대를 이루고, 서북쪽으로는 호남정맥에서 뻗어나간 구릉이 조금씩 낮아져 구릉지대와 동진강을 끼고 발달된 평야지대

[그림 1] 정읍시 입지현황

로 이루어졌다. 동으로는 완주군과 임실군, 서로는 부안군과 고창군, 남으로는 장성군과 순창군, 북으로는 김제시와 접한다.[2] 그리고 고부면은 정읍시의 서쪽에 위치하며 부안군과 경계를 이루고 있다.

고부는 고사부리군(古沙夫里郡, 백제) → 고부군(古阜郡, 통일신라) → 영주(瀛洲, 고려시대)등으로 독립된 행정구역이었으나, 일제강점기인 1914년 행정구역 개편으로 인근의 부안군·고창군·정읍군 등에 분할 병합되면서 고부면이 되었으며, 1995년 정읍시에 편입되어 현재에 이르고 있다.

고부면과 정읍시내 사이에는 남쪽의 입암산에서 두승산까지 이어지는 산줄기와 산줄기를 따라 형성된 정읍천에 의해 지리적 경계가

---

2) 전북문화재연구원, 『井邑 古阜 舊邑城 Ⅰ』, 2007, p.27.

확실하여, 오히려 부안군·고창군과 유사한 생활권을 형성하고 있다. 그리고 고부는 김제의 만경평야와 함께 우리나라에서 가장 광활한 평야인 동진평야를 끼고 있으며, 줄포·염포·사포·동진과 같은 큰 포구가 발달하여 역사적으로 농업과 상업의 중심지 역할을 할 수 있었다.

2. 산경표와 대동여지도

주지하듯이, 山徑表는 우리나라의 산줄기와 산의 갈래, 산의 위치를 일목요연하게 表로 나타낸 지리서이다. 즉 우리나라의 산이 어디서 시작하여 어디로 흐르다가 어디서 끝나는지를 족보형식으로 圖表化한 책이다. 그 결과 우리나라의 산줄기를 1大幹, 1正幹, 13正脈으로 분류하고 있다.

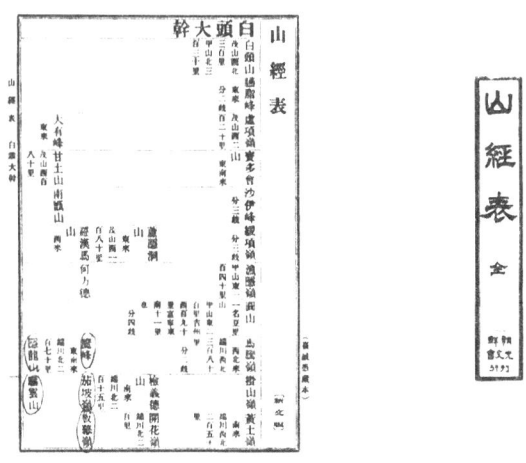

[그림 2] 산경표 첫장3)

---

3) 제일 처음에 백두산이 나온다. 이는 우리나라 산의 조상, 즉 始祖가 백두산임을

산경표 체계의 가장 큰 특징은 山은 물을 넘지 못한다는 것이다. 즉 우리나라의 전통적인 山 인식체계는 山自分水嶺의 원리에 입각한 것이다. 그것은 '산줄기는 물을 넘지 않고, 산이 곧 물을 나눈다'는 기본개념에 바탕을 둔 것이다. 그 결과 연속적으로 이어진 水系처럼 山系도 연속되어 있다는 이론을 통해, 한반도가 하나의 줄기로 인식된 것이다.4)

이러한 산 인식체계는 기존의 山脈 인식체계와는 다른 것이다. 산맥 인식체계는 기본적으로 地質學的 차원이며, 그 결과 산맥이 물을 넘나들기 때문이다. 이러한 산경표 방식의 산 인식체계는 아직 서구이론 중심의 한국 지리학계에서 수용되고 있지는 못하다. 그러나 2004년 국토연구원에서 『한반도 산맥체계 재정립연구: 산줄기 분석을 중심으로』를 발간한 것은5) 학계의 커다란 논쟁을 불러 일으켰다. 왜냐하면 그 연구에서는 기본적으로 한국의 『산경표』 방식의 산 인식체계가 유효하다고 결론내렸기 때문이다. 이후 기존 지리학계와 전통적인 산 인식체계를 주장하는 학자들간에 수많은 논쟁이 야기되었다. 앞으로도 이에 대한 논쟁은 지속될 것으로 예상된다.6)

말하는 것이다.
4) 산경표 연구에 있어서는 이우형과 조석필을 대표적으로 들 수 있다. 이우형, 『산경표』, 푸른산, 1990; 조석필, 『산경표를 위하여』, 산악문화, 1993; 조석필, 『태백산맥은 없다』, 사람과 산, 1997. 한편 『산경표』의 저자 문제를 포함하여 한국인의 자연인식체계에 대해서는 다음을 참조할 수 있다. 양보경, 「조선시대 자연인식체계」, 『한국사시민강좌』 14, 일조각, 1994.
5) 김영표·임은선·김연준, 『한반도 산맥체계 재정립연구: 산줄기 분석을 중심으로』, 국토연구원, 2004.
6) 이 자리에서 이 논쟁을 소개하는 것은 생략한다. 참고로 산경표 논리와 다른 입장에 서있는 다음의 글만 대표적으로 제시해 둔다. 조화룡, 「산경표 산맥체계로는 우리나라 지체 구조를 설명할 수 없다」, 『한국지형학회지』 10-1, 2003; 조화룡, 「최근 한국 산맥 쟁점들에 대한 토의」, 『대한지리학회 학술대회논문집』, 대한지리학회,

비록 현재 지리학계에서는 『산경표』에 입각한 우리나라 지형의 해석에 있어 유보적이지만, 풍수 연구에 있어서는 『산경표』 이해가 필수적이다. 즉 지기의 연결이 있어야 하기 때문이다.[7] 이러한 『산경표』 이해를 『대동여지도』에 대입하면 정확히 일치하고 있다. 다음에 제시하는 것처럼 『산경표』와 『대동여지도』를 결합하여 우리나라의 지형을 설명하면 다음과 같다.

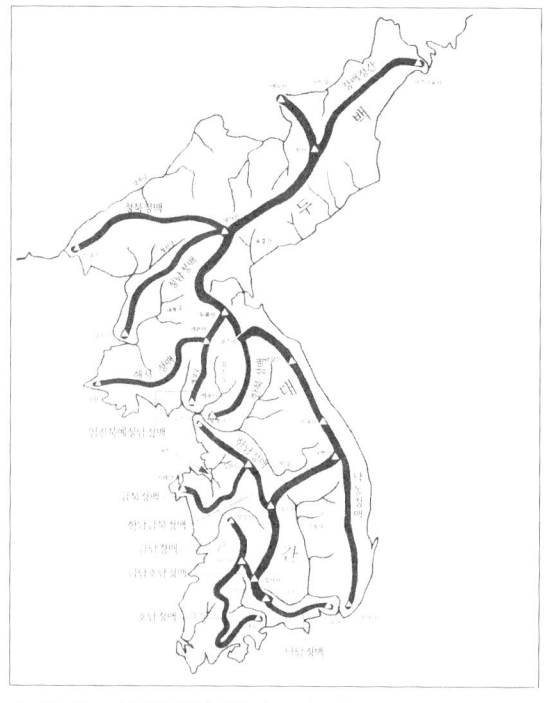

[그림 3] 조선광문회본 『산경표』에 의한 우리나라의 산줄기

2005.
7) 최근 김기덕은 이 산경표 논리를 유럽지형에 대입하여 해석을 시도하였다. 김한래·황인혁·김기덕, 「산경표를 적용한 알프스산맥 유럽지형 분석과 활용」, 『역사민속학』 47, 2015.

■ 청북정맥(淸北正脈)

　백두대간의 낭림산에서 태백산을 거쳐 서쪽으로 뻗어 자연장성을 이루고 있는 적유령, 아파령, 천마산을 거친 후 신의주 앞바다 신도를 마주한 미곶산에서 머문다. 청천강 이북의 산들이 이에 속한다.

■ 청남정맥(靑南正脈)

　백두대간의 낭림산에서 지막산을 거쳐 서남쪽으로 흘러 묘향산에 이른 후 계속 서남쪽으로 이어져 월봉산, 도회령을 거쳐 삼화의 증악산까지 뻗은 산줄기이다.

■ 해서정맥(海西正脈)

　백두대간의 두류산에서 시작하여 서남쪽 개련산(開蓮山)까지 이어지고, 이곳에서 덕업산을 거쳐 북상하다가 언진산에서 남쪽으로 고정산, 멸악산을 지나 장연의 장산(곶)까지 뻗은 산줄기이다.

■ 임진북예성남정맥(臨津北禮成南正脈)

　임진강 북쪽과 예성강 남쪽의 산줄기이다. 위 해서정맥의 개련산에서 남쪽 기달산으로 갈라져 나와 학봉산, 수룡산, 성거산을 거쳐 개성의 송악산을 지나 백룡산까지 이어진다. 개성 지방의 산들이 이에 포함된다.

■ 한북정맥(漢北正脈)

　한강 북쪽을 흐르는 산줄기로, 백두대간의 분수령에서 서남쪽 백빙산으로 갈라져 나와 김화의 오신산, 불정산, 도봉산, 삼각산을 지난 후 교하의 장명산까지 이어진다.

■ 낙동정맥(洛東正脈)

　태백산에서 서남쪽 소백산으로 이어지는 백두대간을 태백산 북쪽에서 벗어나 유치, 백병산을 거쳐 남쪽으로 계속 내려온 산줄기이다. 단석산, 가지산, 취서산, 금정산을 지나 부산 다대포 앞바다에서 멎는다.

■ 한남금북정맥(漢南錦北正脈)

백두대간의 속리산 문장대에서 시작해 회유치를 지나 청주의 상당산성을 바라보며 동쪽으로 돌아 죽산의 칠현산에서 북으로 한남정맥, 남으로 금북정맥을 갈라놓는다.

■ 한남정맥(漢南正脈)

한남금북정맥의 칠현산에서 백운산을 거쳐 북으로 용인의 보개산, 수원의 광교산을 지나 안양의 수리산으로 이어진다. 다시 서쪽으로 소래산, 주안산에 이르고 인천의 문학산 봉수를 남쪽에 남겨둔 채 북쪽의 김포평야 구릉지대를 지나 강화도 앞 문수산에서 멈춘다.

■ 금북정맥(錦北正脈)

칠현산에서 서남쪽 청룡산을 거쳐 차령을 지나 남진하다가 청양의 일월산에서 북상하여 북쪽 해미의 가야산을 거치고 다시 서쪽 태안반도로 들어가 지령산까지 이어진다. 금강 이북의 산들이 이에 속한다.

■ 금남호남정맥(錦南湖南正脈)

백두대간의 지리산에 이르기 직전 장안산에서 장수를 북으로 끼고 돌아 마이산에서 주줄산 쪽으로 금남정맥과, 웅치 쪽으로 호남정맥을 갈라놓는다.

■ 금남정맥(錦南正脈)

전주 동쪽 마이산에서 주줄산을 거쳐 북으로 치달아 대둔산, 계룡산을 거친 후 서쪽으로 망월산을 지나 부여의 부소산에 다다른다.

■ 호남정맥(湖南正脈)

마이산에서 웅치를 지나 운주산, 내장산에 이르고 서쪽의 입암산을 무시한 채 담양을 지나 광주의 무등산에 이른다. 보성의 사자산까지 남진하다가 다시 동북쪽으로 올라가 송광산, 조계산을 만나고 광양의 백운산까지 이어진다.

본 글에서는 앞에서 밝힌 것처럼, 『산경표』와 『대동여지도』를 활용하고, 현대의 1/20,000과 1/5,000 지형도를 제시하며 풍수적 조건을 설명하고자 한다.

3. 두승산의 산 흐름

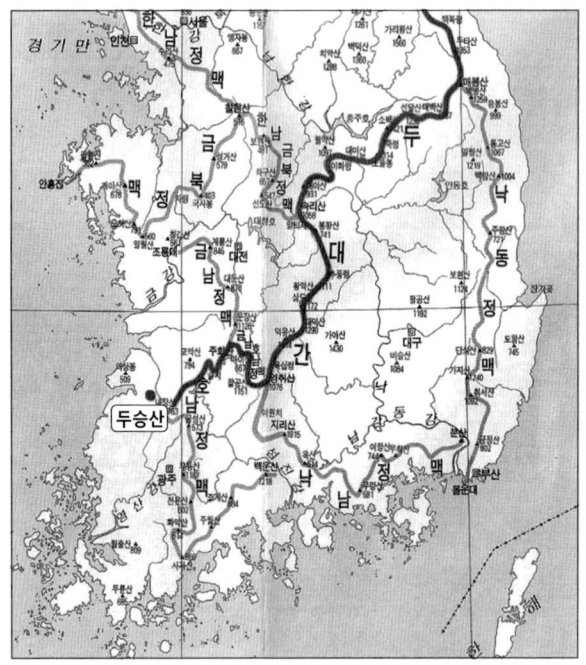

[그림 4] 산경표 산줄기의 흐름

한반도의 중심뼈대를 이루는 백두대간이 속리산과 덕유산을 지나 마지막 지리산을 향해 남진하던 중, 전라북도 장수의 장안산에서 서쪽으로 한 자락 산줄기를 분기하여 진안의 마이산을 만들고 계속 서진하여 주흘산까지 전진한 후, 한줄기는 북서쪽으로 향하는 금남정맥을

206

만들고, 한줄기는 남쪽으로 향하는 호남정맥을 만들었다.

 호남정맥은 다시 서남진을 계속하여 만덕산→경각산→오봉산을 거쳐 내장산까지 전진한 후, 내장산에서 남쪽으로 방향을 바꾸어 광덕산→무등산→두봉산을 거쳐 장흥의 사자산까지 남진을 계속한다. 그리고 사자산에서 다시 북동쪽으로 방향을 바꾸어 전진을 계속한 후, 백운산을 지나 광양 앞바다에서 대장정을 마친다.

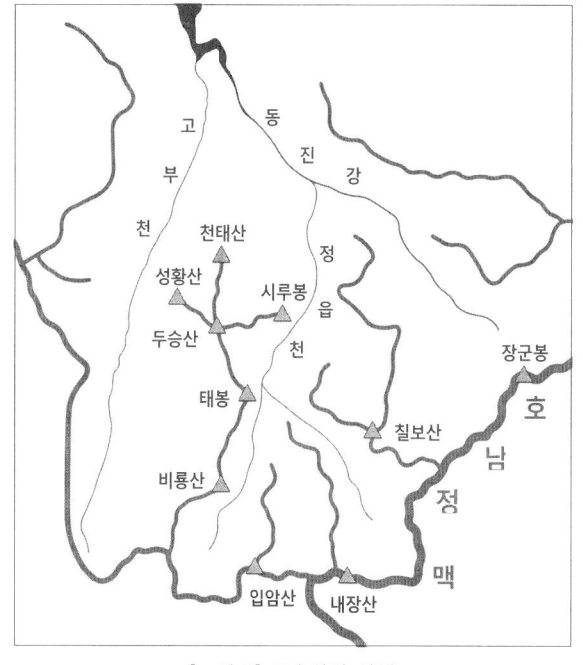

[그림 5] 두승산의 산세

 남진하던 호남정맥은 내장산에서 산줄기 하나를 서쪽으로 분기하는데 입암산 ›배풍산 ›옥녀봉을 거쳐 서해 앞에서 변산반도를 만들고 전진을 멈춘다. 그런데 변산으로 향하는 산줄기는 입암산을 지나

두승산 유선사의 풍수 | 김기덕 207

고창의 진산인 방장산에서 산줄기 하나를 정북 방향으로 분기하여 비룡산과 태봉을 거쳐 진행하다 동진평야 중심부에서 고부의 진산인 두승산과 천태산을 만들고 전진을 멈춘다. 그리고 천태산은 들판을 향해 낮은 능선으로 전봉준생가와 연결되고 계속 전진하여 갑오농민혁명의 진원지인 백산에 이르러 동진강을 만나 전진을 멈춘다. 두승산의 서쪽에는 고부읍성과 관아 및 향교가 자리한 성황산이 있으며, 동쪽에는 나지막한 동죽산·시루봉·망제봉 등이 일군의 무리를 형성하여 평야 한가운데서 산지를 이룬다.

이와 같은 지형적 구조로 인해 정읍시의 수계는 대부분 북쪽과 북서쪽을 향해 흐르다가 부안의 동진면을 지나 서해로 흘러든다. 따라서 정읍시는 산악과 평지가 적절히 조화를 이루고 있으며, 다른 도시와 다르게 동진강·정읍천·고부천 등 하천이 발달하여 수량이 풍부하고, 평야가 발달하였다.

4. 두승산의 지형적 특색

두승산은 정읍과 부안, 고창 등 사방 어디에서나 쉽게 바라볼 수 있으며, 두승산 정상에 오르면 이 모든 곳이 장쾌하게 조망된다. 그런 만큼 두승산은 여러 면에서 일반 산들과 다른 특징들을 보이는데, 정리하면 다음과 같다.

① 한반도의 산줄기는 대부분 백두산에서 지리산으로 이어지는 백두대간을 근간으로 형성되며, 백두대간에서 분기되는 작은 산줄기도 남동 또는 남서를 기본으로 진행한다. 그런데 두승산은 진안의 마이산을 지나 묵방산에서 무등산으로 남진하던 호남정맥이 내장산에서

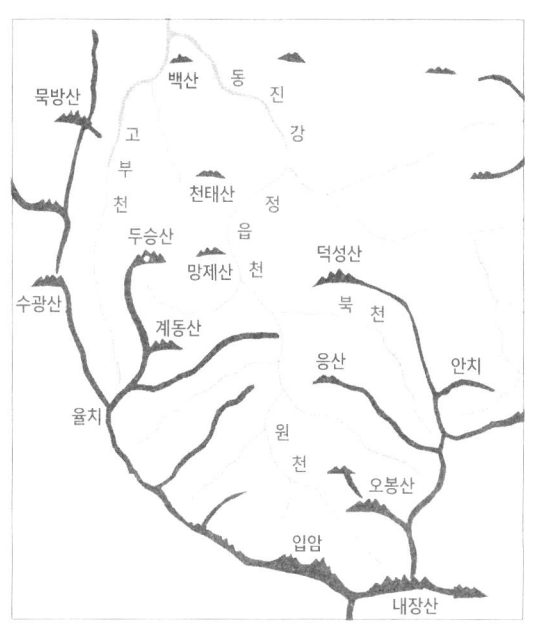

[그림 6] 두승산 (대동여지도)

부안 쪽으로 분기한 산줄기가 고창의 방장산에서 다시 한번 정북 방향으로 분기하여 진행하다가 동진평야 한복판에서 전진을 멈추고 우뚝 솟아 형성되었다.

② 일반적으로 고을의 진산은 태조산·중조산·소조산을 거쳐 진산까지 이어지는 조종적 산줄기의 끝자락에 위치한다. 그리고 앞으로는 사방을 감싸듯 에워싸는 사신사[8]를 갖추고 그 사이로 강이나 하천이 흘러 인간이 살기 좋은 명당공간을 이룬다. 그런데 고부의 진산인 두승산은 일망무제로 펼쳐지는 평야지대에 홀로 우뚝 솟아 평지돌출형

---

8) 四神砂란 명당을 중심으로 사방에 위치한 청룡·백호·주작·현무 산을 일컫는 용어이지만, 명당을 감싸고 있는 산 전반을 의미하기도 한다.

[그림 7] 정읍에서 바라본 두승산

태의 지형을 갖추고 있어 일반적 개념의 진산과는 사뭇 다른 산줄기의 흐름과 명당형국을 이루고 있다. [그림 7]에서 보듯이 이러한 두승산은 완벽하지는 않지만 '산태극 수태극'의 형상을 갖고 있다는 점에서 매우 뛰어난 지형적 조건을 갖고 있다고 볼 수 있다.

③ 두승산의 높이는 444m로서 북한산 백운대(836m)의 절반 수준에 불과하여 큰 규모는 아니다. 하지만 강화도 마니산(470m)과 같이 산지가 아닌 평지에 우뚝 돌출한 형태를 하고 있어 실제보다 훨씬 높아 보이고, 성스러운 분위기를 자아낸다.

④ 인간은 누구나 주어진 수명의 한계를 뛰어넘는 불로불사의 생을 꿈꾸었으며, 전통시대에는 이러한 꿈의 대상이 신선이라고 생각하였다. 따라서 환인·환웅·단군을 신선으로 모시고[9] 산에 올라 제사를 지내기도 하였으며, 도가에서는 蓬萊山·方丈山·瀛洲山을 신선이 머

무는 곳이라 여기고 신성한 산 속에 들어가 살거나 인공으로 만들어 신선과 같이 불로불사 하기를 소망하였다. 전자와 같이 실제 자연을 대상으로 의미를 부여한 예는 금강산을 봉래산, 지리산을 방장산, 한라산을 영주산이라 명명한데서 찾을 수 있으며, 후자와 같이 특정영역에 三神山을 조성하고 의미를 부여한 예는 경주의 안압지, 남원의 광한루, 경복궁의 경회루 등이 좋은 사례가 된다.[10]

전통시대에는 두승산을 영주산[11]이라 하여 고창의 방장산·부안의 봉래산과 함께 신선이 사는 신성한 삼신산으로 모셨다. 비록 일제강점기에 철도시설이 정읍을 통과하면서 행정구역이 정읍을 중심으로 재편되었지만, 조선시대까지만 해도 고부와 고창과 부안이 역사적·문화적으로 동일한 생활권이었고 농업과 상업의 중심지였다. 즉 적당한 산지와 하천 그리고 넓은 평야는 이 고장 사람들의 삶을 풍요롭게 하는 신선의 세계였으며, 그 중심에 두승산이 자리하고 있는 것이다. 1894년의 갑오농민운동도 고부봉기·무장봉기·백산대회가 모두 이 지역을 중심으로 전개되고, 발화되었음도 주목되는 부분이다.[12]

⑤ 두승산은 동진평야의 중심에 위치하며, 서해와도 가까워 물산이 풍부하고 교통이 편리하여 이 지역 최고 길지의 요건을 갖추고 있다. 따라서 고부에는 선사시대 이래 근대에 이르기까지의 유물과 유적이 많이 남아 있는데 이를 정리하면 다음과 같다.

---

9) 『三國遺事』「紀異篇」古朝鮮條. 壇君乃移藏唐京 後還隱於阿斯達 爲山神 壽一千九百八歲.
10) 안압지·광한루·경회루 모두 연못에 봉래산·방장산·영주산을 조성하여 신선의 세계로 상징화하였다.
11) 「여지도서」「고부」
12) 박대길, 「동학농민혁명의 시작, 고부봉기」, 『동방학보』 제25권, 2012, p.75.

[표 1] 두승산 일대의 유적과 유물

고분군	지사리 · 후지리 · 탑립리 · 운학리 · 신매리 · 운선리 · 장문리
석탑	해정사지석탑 · 장문리5층석탑 · 남복리5층석탑 · 은선리3층석탑 · 천곡사지7층석탑
석불	해정사지석불입상 · 장문리석불 · 남복리미륵암석불 · 후지리석불 · 백운암석불입상
성	두승산성 · 은선리토성 · 고부구읍성 · 금사동산성

⑥ 두승산 일대는 물산이 풍부한 만큼 줄곧 외부세력의 수탈과 약탈의 대상이 되어 민중의 한과 애환이 곳곳에 남아있다. 고려시대에는 몽고군과 왜구의 약탈이 심하였으며[13], 조선시대에는 관리들이 물산이 풍부한 고부로의 부임을 원하였다고 전한다. 조선말기 고부군수 조병갑의 수탈은 결국 동학농민운동의 발단이 되고 말았다. 두승산 정상에 있는 바위에는 望仙坮라는 각자가 새겨져 있고, 유선사 뒤편 바위에는 望華臺[14]가 새겨져 있으며, 두승산 동편에는 望帝峰이라는 봉우리가 있다. 이들 모두 절대자에게 무언가를 바란다는 점에서 공통점이 있다. 두승산은 현세의 고통을 호소하고 내세의 행복을 기원하는 종교의 대상이 되기도 하였다.

근대 이전에는 [표 1]에 정리한 바와 같이 이곳에서 불교가 번성하였으며, 근대 이후에는 동학과 증산교와 원불교 등의 신흥종교가 이 일대에서 발원하였다. 특히 민중의 고통을 타파하고자 일어선 전봉준이 두승산 끝자락에서 태어났으며, 동학농민운동의 실패로 인해 증폭된

---

13) 전북문화재연구원, 『井邑 古阜 舊邑城 Ⅰ』, 2007, p.30.
14) 김일권, 「한국인의 윷놀이판 바위그림에 투영된 천체우주론적 관점 고찰」, 『한국암각화연구』 제5집, 2004, p.65. 김일권은 望華의 의미를 '중화를 사모'하는 뜻으로 해석하여, 일제에 국토를 유린 당한 우리의 처지를 한탄하고, 小中華를 지향하던 조선시대 성리학자의 염원이 담겨있다고 해석하였다.

민중들의 상실감을 일소하고 그들의 소망과 의지를 수렴하여 새로운 개벽사상을 설파15)한 증산 강일순이 이곳 두승산 자락에서 태어나 묘한 대조를 이룬다.

Ⅲ. 두승산 유선사의 풍수

1. 사신사의 이해

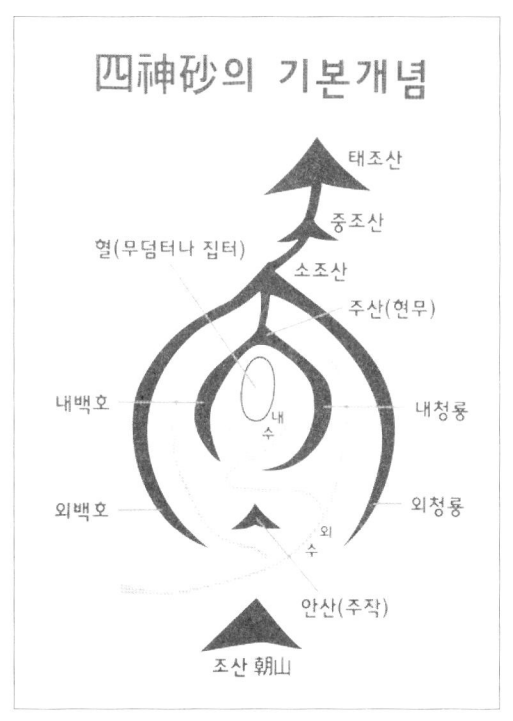

[그림 8] 사신사의 기본 개념

---

15) 나권수, 「한국 신종교의 개벽사상에 관한 고찰」, 『신종교연구』 제24집, 2011, p.255.

풍수에서 사신사는 매우 중요하다. 어쩌면 풍수의 처음이자 끝이나 마찬가지이다. 사신사의 기본 뜻은 사방에서 보호해 주는 산이라는 뜻이다. 이는 인간세계에서도 독불장군처럼 살 수 없듯이, 집터나 무덤터도 독불장군이 없다는 것과 같다. 즉 모든 터는 사방에서 보호해 주는 산이 있어야 한다는 논리라고 할 수 있다.

사신사는 후현무, 전주작, 좌청룡, 우백호라고 표현된다. 즉 모든 터를 전후좌우 사방에서 보호해 주는 뒷산이요 앞산, 왼쪽 산과 오른쪽 산을 말한다.

이러한 사신사는 다 중요한 것이지만, 특히 가장 중요한 것은 뒷산 즉 현무이다. 우리가 흔히 "뒤에서 누가 봐준다"는 표현처럼, 가장 잘 보호해 주는 것은 무엇보다 뒤에서 보호해 주는 것이기 때문이다. 그래서 현무를 흔히 주인공되는 산이라고 하여 主山이라고 표현하기 하며, 또는 鎭山이라고도 한다.

그런데 이러한 주산은 홀로 돌출한 것이 아니다. 앞에서 언급한 『산경표』처럼, 우리나라의 모든 산은 백두산에서부터 내려온 것이다. 그런데 백두산은 마치 시조처럼 너무 먼 곳이므로, 흔히 인간관계에서도 4대조(고조부-증조부-조부-부)를 따지는 것처럼, 태조산-중조산-소조산-주산 정도의 흐름을 살핀다. 이것을 크게 주세라고 한다.

主勢란 풍수에서 주인공이라 할 수 있는 穴場(무덤터나 집터)으로 들어오는 山勢의 흐름이다. 그것은 地氣가 入力되는 통로이므로 당연히 풍수를 생각함에 있어 가장 우선적인 것이다. 그러므로 풍수는 우선 主勢의 흐름을 따지는 것에서부터 시작한다. 主勢를 이루는 山勢를 구분하여 太祖(山)-中祖(山)-小祖(山)-主山으로 나눈다. 경우에 따라서는 小祖와 主山을 굳이 구분하지 않고 하나로 보기도 한다. 이러한 구분은 친족구조에서 先祖를 따지는 용어를 그대로 사용한 것이다.

穴場으로 地氣를 入力시켜주는 산이 主山이다. 그리고 그 主山이 흘러 온 來脈이 되는 산이 小祖山이며, 다시 그 小祖가 온 來脈이 中祖山, 中祖가 온 來脈이 太祖山으로 설정되는 것이다. 그런데 主山까지 오는 來脈의 흐름이 꼭 3개의 山만 있는 것은 아니다. 따라서 太祖-中祖-小祖라는 구분은 편의적인 것이다. 그것은 마치 나를 낳아준 祖上을 언급할 때, 가장 먼저 始祖부터 시작하여 中始祖를 거쳐 할아버지를 설정할 수도 있고, 혹은 증조할아버지-할아버지-아버지를 설정할 수도 있는 것과 같다. 흔히 太祖山을 白頭山으로 잡는 것은 마치 나를 낳아준 조상의 설정을 始祖부터 잡는 것과 같다.

우리나라의 모든 산은 백두산으로부터 연원한다. 따라서 모든 主勢의 근원이 되는 태조산은 백두산으로 설정할 수 있다. 그러나 그것은 원칙적이고 근원적인 것이므로, 실제 풍수에 있어서는 主山을 직접적으로 낳아준 주위의 큰 山을 太祖山으로 잡아 그 흐름을 파악한다. 이러한 太祖山·中祖山·小祖山과 같은 來脈을 한마디로 祖山이라고 한다. 그 용어들에 이미 祖山이라는 표현이 공통적으로 들어가 있으므로, 祖山이라는 표현은 가장 적절하다고 할 수 있다.

風水는 먼 곳보다는 우선적으로 가까운 것을 중시한다. 즉 穴場으로부터 가까운 곳일수록 좋아야 하는 것이다. 앞에서 主勢의 흐름을 얘기했지만, 그 중 가장 중요한 것은 主山이다. 太祖山도 중요하고 中祖山도 중요하고 小祖山도 중요하지만, 가장 요체가 되는 것은 主山이다. 主山이 穴場에 직접 地氣를 전달하는 山이며, 혈장에서 가장 가까운 산이기 때문이다. 그것은 마치 아무리 祖上이 훌륭해도 자신의 아버지 때에 몰락했으며 자신이 힘들어지고, 혹 조상이 대단하지 않아도 자신의 아버지가 크게 빛이 났으면 자신이 좋아질 가능성이 더 큰 것과 같은 이치이다. 풍수는 來脈의 흐름을 중시하지만 결국 가장 중요시하는 것은 마지막에 도달한 主山의 力量이다.

主勢가 來龍脈勢를 말하는 것이라면, 局勢는 四神勢를 말하는 것이다. 四神勢란 穴場을 보호하는 四方의 山勢로 흔히 四神砂로 표현된다. 四神砂란 前朱雀·後玄武·左青龍·右白虎이다. 이 중 後玄武란 主勢의 來龍脈의 마지막인 主山과 동일한 것이다. 그렇다면 主勢에서 언급한 主山이 局勢에서 四神砂의 하나로 다시 언급되는 셈이다. 이처럼 局勢라고 할 때 後玄武(主山)를 포함하여 사신사를 함께 거론하는 것은 풍수에서는 山의 '均衡과 調和'를 중시하기 때문이다. 즉 局勢는 기본적으로 국면을 이루는 左右의 산세(청룡, 백호)와 前後의 산세(주작, 현무)가 局內를 잘 둘러싸 주어야 한다. 그리고 이와 같은 局勢는 서로 유기적인 연관을 맺으면서 청룡(左)과 백호(右)가 상대적인 균형과 조화, 현무(後)와 주작(前)이 역시 상대적인 균형과 조화를 이루고 있어야 한다. 또한 前後(현무·주작)와 左右(청룡·백호)가 서로 균형과 조화를 이루어야 한다. 그러하기 때문에 局勢라고 할 때에는 청룡·백호·주작(안산) 외에 主勢에서 다루었던 主山(현무)이 또한 같이 언급되는 것이다. 그리고 이 局勢의 4요소를 이루는 山을 四神砂라고 한다. 결국 사신사는 전체적인 균형과 조화 속에서 가운데의 穴場을 보호하고 응축해 주는 역할을 수행하고 있다.

四神砂는 풍수에서 대단히 중요하다. 그것은 풍수에서 主勢를 먼저 본 뒤에 다음에 보아야 할 것이 局勢이기 때문이다. 그리고 국세를 이루는 사신사가 또한 중요한 것은 풍수에서 올바로 地氣가 맺혔는가 아닌가를 눈으로 확인할 수 있는 가장 좋은 요소가 바로 사신사이기 때문이다.

2. 두승산 유선사의 산세

유선사는 신라 때 의상(義湘)이 창건하였으며, 신선들이 놀다 간 곳에 절을 지어 유선사라고 하였다. 창건 이후의 연혁은 전하지 않는다. 조선시대에 몇 차례 중수를 거쳤으며, 1982년 비구니 성수(性洙)가 주지로 부임한 뒤부터 다시 불사를 진행하여 1990년에 대웅전과 요사채를 중건하였다. 대웅전은 본래 약사전이었다고 한다. 정면 3칸, 측면 2칸의 팔작지붕 건물로 내부에는 비로자나불·약사불·석가모니불의 청동삼존불이 모셔져 있다.

[그림 9] 유선사 대웅전

이와 같은 유선사의 산세를 지형도와 사진을 이용하여 분석해 보면 다음과 같다.

그림에서 보듯이 유선사의 산세는 남에서 북으로 맥이 들어오고 있다. [그림 12]의 끝봉에서 맥이 계속 이어져 [그림 13]의 현무성을 거쳐

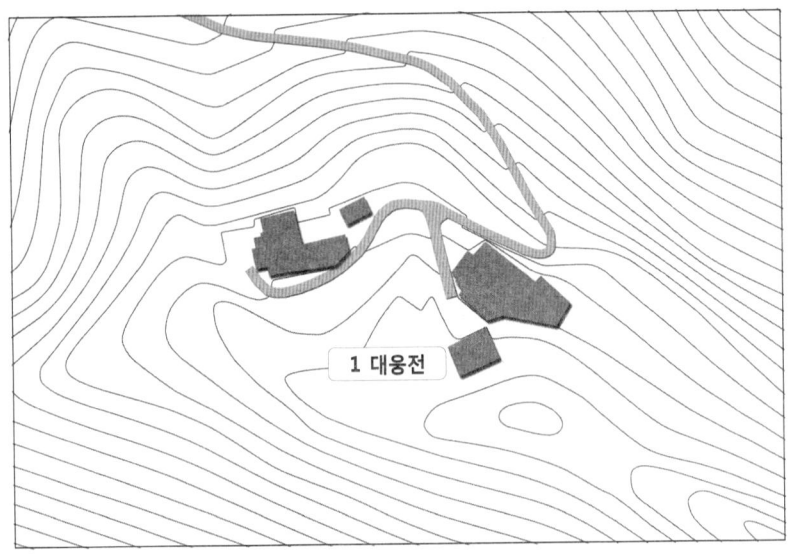

[그림 10] 유선사 배치도

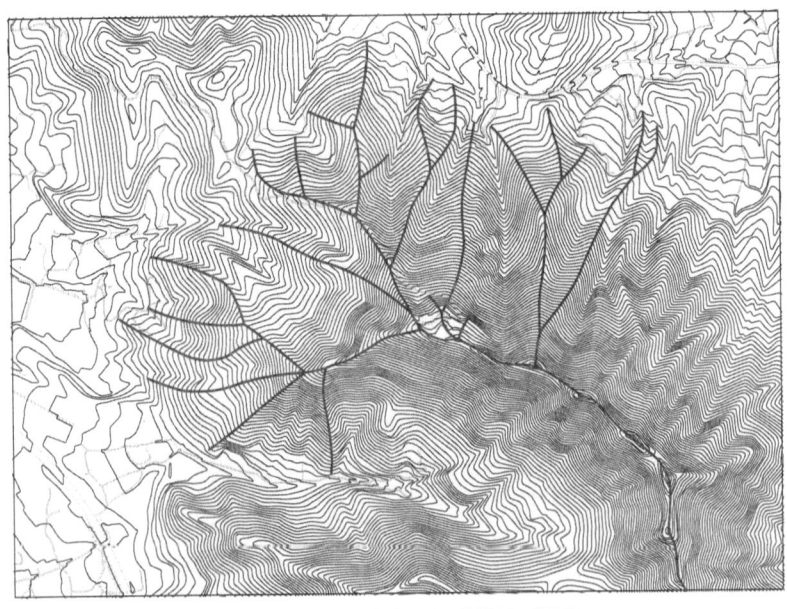

[그림 11] 지형도에서 보는 유선사 배치도

[그림 12] 끝봉

[그림 13] 현무정

[그림 14]의 유선사 대웅전 바로 뒤 입수를 통해 대웅전으로 맥이 떨어지고 있다. 대웅전은 앞의 [그림 10] 지형도 그림에서 ①로 표현된 것이다.

이상에서 보듯이 유선사의 주세는 매우 뛰어나다고 할 수 있다. 흔히 기도발이 세다고 하는 것은 바로 이러한 주세의 역량에 비례한다. [그림 15]는 대웅전 뒤 맥의 연결이 잘 나타나 있다.

특히 유선사는 위의 지형도 그림에서 보듯이, 청룡맥이 매우 강성하며 대웅전을 잘 감싸고 있는 것을 알 수 있다. [그림 16]은 왼쪽이 대웅전이며, 대웅전으로 내려온 맥이 왼쪽 청룡으로 계속 이어져 종각이 있는 곳까지 간 것을 잘 보여주고 있다. [그림 17]은 그러한 청룡의 전체 모습이다. 이것은 대웅전을 앞에서 바라 보는 사진인 [그림 18]을 보면 전체적인 청룡의 모습을 볼 수 있다. [그림 19]는 청룡의 마지막 부분으로 힘있게 대웅전을 감싸고 있는 것을 잘 보여준다.

이처럼 유선사의 풍수는 청룡이 매우 힘있게 잘 보호해 주고 있다는 것을 알 수 있으며, 그것은 [그림 20]에 보이듯이 대웅전을 둘러싼 전체 모습을 보아도 잘 나타난다. 그러나 문제는 백호라고 할 수 있다. 이미 [그림 20]에서도 대웅전의 오른쪽 부분이 낮게 보이고 있지만, 앞의 [그림 10]과 [그림 11]의 지형도상으로도 백호 부분은 짧고 매우 약하다는 것을 알 수 있다.

물론 백호가 전혀 없는 것은 아니다. [그림 21]에 보이듯이 바위결이 내려오고 있으나 짧게 끝나고 있다. 그리고 이러한 백호의 짧은 단축을 보완하기 위하여 그 쪽에 〈요사채 1〉을 짓고 그 지붕 부분으로 백호 자리 부분을 마치 축대를 쌓아 넓게 한 효과를 냈다. [그림 22]에서 보듯이 대웅전 오른쪽 아래 부분은 실제 〈요사채 1〉의 지붕 부분으로 생긴 마당인 것이다.

[그림 14] 입수

[그림 15] 대웅전 뒤 맥의 모습

[그림 16] 청룡 부분

[그림 17] 청룡의 전체 모습

[그림 18] 대웅전을 앞에서 보았을 때의 청룡 모습

[그림 19] 청룡의 마지막 모습

[그림 20] 대웅전 주변 전경

[그림 21] 백호

[그림 22] 백호와 〈요사채〉 지붕 마당

이러한 방식으로 부족한 백호를 보완하여 마당을 만든 것도 성수 스님의 놀라운 능력 중의 하나라고 할 수 있다. 그런데 더욱 놀라운 것은 이 부족한 백호 부분을 호랑이 조형을 실제로 만들어 보완한 점이라고 할 수 있다. [그림 23]과 [그림 24]가 그것으로 이것은 마치 유선사의 랜드마크처럼 기능하고 있다.

이것을 보면 성수스님은 산세를 정확히 읽고 있었다고 할 수 있다. 그런데 유선사에서 다소 문제가 되는 것은 요사채를 새로 만들면서 유선사 대웅전을 보호해 주는 사신사 밖에다가 만든 〈요사채2〉라고 할 수 있다. 이것은 앞의 [그림 10]과 [그림 11]에서 잘 보여 주듯이 대웅전을 보호해 주는 사신사 맥의 바깥에 존재하고 있으며, 실제로 보면 일종의 골짜기에 해당하는 부분이다. 이점은 [그림 25]에서 대웅전을

[그림 23] 백호 보완 모습(옆)

[그림 24] 백호 보완 모습(정면)

[그림 25] 청룡 바깥의 〈요사채2〉

[그림 26] 유선사의 안산(앞산)

보호해 주는 청룡의 뒷부분에 위치하는 것이 잘 나타나 있다. 따라서 〈요사채 2〉는 식당 등 한정적으로 사용되는 것이 좋으며, 잠자리와 같은 장소로는 이용하지 않는 것이 좋을 것으로 판단된다.

한편 유선사의 앞산은 매우 뛰어나다고 할 수 있다. [그림 26]에서 보여지듯이, 청룡에 들어맞는 벼슬을 상징하는 고축사가 잘 나타나 있다.

안산은 [그림 27]에서 보여주듯이 흔히 오행산으로 분류되며, 이 중 유선사의 안산은 토체로 나타난다. 안산의 경우 가장 으뜸으로 치는 것이 토체인 것이다. 다만 유선사의 안산이 [그림 26]에서 보듯이 약간 기울어 있는 것이 다소 아쉬운 점이라고 할 수 있다.

[그림 27] 안산의 종류

3. 두승산 유선사 풍수의 인사(人事) 해석

이러한 유선사의 산세를 풍수적 해석에 대입해 보고자 한다. 먼저 풍수에서 인사해석과 관련된 그림을 제시하면 [그림 28]과 같다.

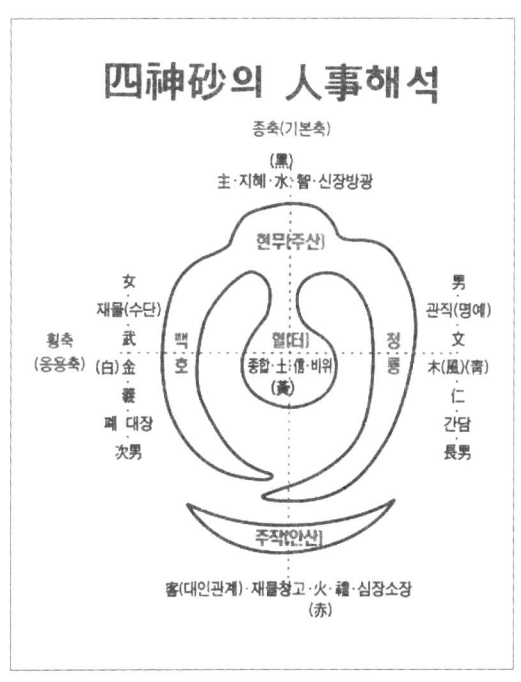

[그림 28] 사신사의 인사해석

풍수적 조건을 인사해석에 적용할 때에 유선사의 풍수 해석은 어떻게 되는가를 살펴보고자 한다. 위의 [그림 28]에 보듯이 풍수의 四神砂는 인사해석에 있어 상대성을 갖고 있다.

먼저 左靑龍과 右白虎는 서로 對가 되기 때문에 흔히 세상의 相對的인 현상을 대입하여 해석하곤 한다. 사람으로 치면 男(陽)과 女(陰)

는 상대적이다. 모든 에너지는 左旋한다는 원칙에서 陽(男)을 먼저 배정하여 男左女右의 원칙에 따라 左靑龍이 陽 즉 男子로 右白虎가 陰 즉 女子로 상정된다. 또한 左靑龍이 명예와 관직이라면 右白虎는 물질과 재물로 해석된다. 또한 같은 남자라도 좌청룡은 長男 우백호는 次男으로 배정되며, 또한 좌청룡은 文人이라면 우백호는 武人으로 배정된다. 이 때문에 右旋局으로서 白虎勢가 강하고 상대적으로 靑龍勢가 약한 開京의 경우에는 文臣에 대한 武人의 跋扈나 開京商人이나 開京女人의 억척스러운 일화 등의 해석이 나오게 되었다.

青龍과 白虎가 서로 비교되면서 해석되듯이 玄武(主山)와 朱雀(案山)이 비교된다. 主山이 穴場을 만드는 主人이라면 그 對가 되는 案山은 일종의 손님〔客〕으로 해석된다. 안산이 좋아야 손님 즉 남에게 존경을 받는다고 본다. 안산이 혈장을 향해 '배(앞)'가 아니라 '등(뒤)'의 형태를 띠면서 뒤로 제껴진다면, 客이 主를 올바로 존경하지 않는 것으로 해석된다. 개경의 경우가 그러한 측면이 있으므로, 결국 개경은 主에 해당하는 國王이 백성(신하)들에게 존경을 받지 못하며 심지어 下剋上의 요소를 갖고 있다고 해석하는 것이다.

흔히 부귀영화(富貴榮華)를 누린다고 한다. 여기에서 富는 백호이며, 貴는 청룡의 영향력이다. 그러므로 부귀영화를 누리려면 청룡과 백호가 다 좋아야 하는 것이다.

그러면 이와 같은 풍수상의 적용과 해석을 어떻게 볼 것인가 하는 점이 문제될 수 있다. 흔히 이러한 것은 일종의 術數的 해석으로 부정적인 것으로 인식하는 경향이 일반적이다. 그러나 필자는 그렇게 단순하게 부정할 것만은 아니라고 생각한다. 청룡과 백호를 예로 들어보자. 청룡과 백호는 서로 상대적이면서 균형·조화를 중시한다고 말한 바 있다. 실제 어느 지역의 풍수형국에서든 청룡과 백호는 그러한 상대적인 역할을 하고 있다. 풍수에서는 청룡과 백호에 人事에 대응되는 개념들을 적용하여 해석한다. 그것은 본래는 대단히 자연스러운 것이다. 음전하가 있으면 양전하가 있듯, 왼팔이 있으면 오른 팔이 있듯, 왼쪽 뇌가 있으면 오른쪽 뇌가 있듯, 남자가 있으면 여자가 있듯, 돈이 있으면 명예가 있듯, 장남이 있으면 차남이 있듯, 세상은 서로 상대적인 원리가 있고 그 각각은 자신의 논리와 작용이 있다. 흡사 청룡과 백호를 남자와 여자로 배정하는 것은 왼쪽 뇌와 오른 쪽 뇌의 역할을 언급하는 것과 같다고 할 수 있다.[16]

풍수적 해석이란 어느 지역의 風水的 主勢, 局勢, 水勢를 판별한 뒤, 그에 해당하는 人事 해석을 적용하는 것이라고 할 수 있겠다. 비록 人事 해석을 부정적으로 보는 견해도 있지만 필자는 위에서 언급한 것처럼 그것까지를 포함해야 한다고 생각한다.[17] 반면에 人事 해석의 근거가 되는 풍수적 지형조건을 밝히지 않고 제시되는 어떠한 예측도 원칙적으로 圖讖이라고 보아야 할 것이다. 즉 '논리 제시의 차이'라고 규정할 수 있다.

그러나 이러한 차이가 분명하기만 한 것은 아니다. 그것은 풍수적 조건이 어떠한 것인지를 판별하는 입장이 사람마다 달리 인식될 수 있기 때문이다. 또한 풍수적 지형조건을 달리 보는 것은 풍수가 기본적으로 판별하는 사람에 따라 주관적인 요소가 개입될 요소가 많기 때문이기도 하지만, 그것은 아직 風水學이 현대학문으로서의 새로운

---

16) 이에 대해서는 다음의 글을 참고할 수 있다. 김기덕, 「고려시대 개경과 서경의 풍수지리와 천도론」, 『한국사연구』 127, 2004.
17) 이 점에 대한 구체적인 의문제기는 다음의 글을 참조할 수 있다. 이기백, 「한국풍수지리설의 기원」, 『한국사시민강좌』 14, 1994; 윤천근, 『풍수의 철학』, 너름티, 2001. 본 글에서는 이러한 비판에 대한 답변을 충분히 전개하지 못하였다. 後考를 기약한다.

방법론을 도출하지 못하였기 때문이라고 생각한다.[18]

風水와 圖讖이 구별되기 어려운 또 하나의 이유는 人事 해석의 어려움 때문이다. 즉 人事 해석의 근거가 되는 풍수적 지형분석에 있어서도 차이가 있을 수 있지만, 그것을 人事에 적용할 때에는 더욱 많은 문제점이 발생할 수 있다. 앞에서 밝힌 人事 해석의 대표적인 기준으로 청룡과 백호를 예로 들었을 때, 청룡은 남자·명예·文人으로 백호는 여자·재물·武人로 배정한다고 설명했다. 그러나 사실상 人事 해석의 범주는 세상 모든 부분을 포괄하는 것이다. 그럴 경우 기존 풍수서나 풍수가들이 보편적으로 언급하는 소재를 넘어서서 아주 세세한 사항들도 직면하게 된다. 더욱이 시대가 바뀌면 새로운 해석과제가 도출되는 것이며, 혹은 기존해석에 대한 재해석의 여지도 생기게 된다. 이 경우 풍수가들마다 당연히 풍수적 조건에 대한 해석의 적용이 달라질 수 있는 것이다. 이처럼 풍수적 人事 해석은 풍수가의 主觀이 개입될 여지가 많으며, 종종 다른 해석이 나온다는 점에서 풍수의 학문으로서의 정당성을 훼손시킬 수 있을 것이다.

이러한 문제점은 역시 風水學이 논리적 근거를 보다 확실히 하는 과정에서 극복될 수 있을 것이다. 이 점과 관련하여 필자는 유명한 점성학자 러드아르의 '어떠한 점성가도 운명과 세상을 해석함에 있어 자신의 수준을 넘어설 수 없다'는 警句가 대단히 적절한 지적이라고 생각한다. 현재 풍수 전문가의 주류는 학계와 거리가 먼 실정인데, 앞으로 학계에서도 논리성을 추구하는 보다 많은 풍수연구자들이 등장

---

[18] 그러하기 때문에 오늘날 풍수가 學問的 復權을 이룩하기 위해서는 풍수이 개념과 해석을 오늘날의 사람들이 알아들을 수 있는 言語와 論理로 재정립해 주어야 한다 (김기덕, 「자생풍수는 학문적 논리가 필요하다」, 『우리 학문 어디로 가는가』, 생각의 나무, 2003)

하여 보편적인 논리 제시와 시대의 흐름에 맞는 人事 해석을 전개해 나가야 한다. 이러한 문제점을 극복하는 과정에서 풍수의 학문으로서의 정당성도 확보될 수 있을 것이다.

앞에서 필자는 유선사의 경우 주산과 청룡, 그리고 안산은 뛰어나다고 평가하였다. 그러나 백호는 다소 부족하다고 평가하였다. 이를 인사해석에 넣는다면 주산이 강하므로 기도발이 세다고 할 수 있다. 아울러 인사해석에 있어 주관이 강하고 주체성이 강하다고 해석할 수 있다. 또한 청룡이 특히 좋은 것은 여기가 학문과 관련된 기도터로서 적합한 곳이라고 평가할 수 있을 것이다. 또한 남자에게 유리한 터이기도 하다. 안산이 좋은 데 특히 벼슬을 하는 고축사로 나타난 것은 역시 학문에 유리한 청룡과 짝하는 것이라고 할 수 있다. 다만 백호가 다소 약한 것은 유선사가 경제적으로는 항상 여유를 갖기는 어렵다고 평가할 수 있다. 이러한 점으로 본다면 유선사는 뜻이 높고 곧으며, 학문에 정진하기 좋은 지적(知的)인 사찰이라고 종합 평가할 수 있을 것이다.

Ⅳ. 인간의 의지와 풍수와의 상관관계

흔히 인간의 의지 및 기도로 풍수조건을 극복할 수 있는가 하는 점을 궁금해한다. 여기에서 한 인간의 운명적 요소를 좌우하는 제 조건을 살펴보기로 한다.

여기에 대해서는 황영웅교수의 논리를 인용한다.[19]

---

19) 황영웅교수는 현재 영남대학교 풍수지리 전공 겸임교수로 있다. 일찍이 방대한

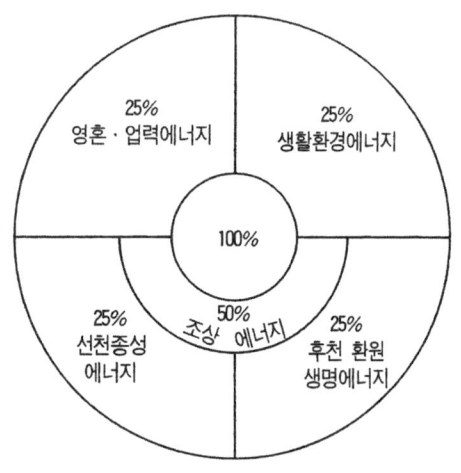

[그림 29] 에너지 구성 비율도[20]

한 인간의 운명을 결정짓는 것은 크게 4가지 요소라고 할 수 있다. 이 중 2가지 요소는 조상에너지와 관련된다. 선천종성에너지란 사주를 말한다. 사주도 운명에 영향을 준다. 또 하나는 후천 환원생명에너지인데 이것은 풍수적 음택 조건을 말한다. 즉 조상의 묘가 영향을 주는 것이다. 이 둘을 합하면 인간 운명의 반이 조상에너지와 연결되어 있다는 것을 알 수 있다.

한편 운명적이라기 보다는 세상에 태어난 인간이 살아가는 방식으로 자신의 운명에 영향을 주는 것은 크게 두 가지이다. 하나는 생활환경에너지이다. 이것은 음식의 섭생이나 공기, 생활습관 등으로 인한 영향, 그리고 양택 풍수터가 포함된다. 다른 또 하나는 기도와 절제, 수련 등의 삶의 방식이다.

『풍수원리강론』을 십빌하였으며, 최근에는 김대중대통령의 서울 동작동 국립묘지 선정작업을 한 바 있다. 필자와 함께 유선사도 방문한 바 있다.
20) 황영웅, 『풍수원리강론』, 동국비전, 2002, p.200.

그러므로 위의 도식을 갖고 양면적으로 말할 수 있다. 즉 한 인간은 조상에너지(50%), 또는 풍수적 영향력(25%)에 좌우되는 존재라고도 할 수 있으며, 또는 그러한 운명적 요소를 극복할 수 있는 인간의 의지와 공덕(25%), 또는 생활환경에너지의 긍정적 영향(25%)을 강조할 수도 있다. 위의 4가지 요소는 모두 중요하다.

그러므로 옛 선인들은 항상 좋은 터를 찾고자 했다. 그것은 사주는 바꿀 수 없으며, 무덤을 바꾸는 것도 쉬운 일은 아니였기 때문이다. 그런 경우 현재의 주거지가 좋다면 여타 생활환경에너지 및 기도 및 절제의 삶도 용이했기 때문이다. 이러한 '터'의 부족한 점을 기도로 넘어설 수 있다고 말할 수도 있다. 그러나 이왕이면 좋은 '터'에서 기도할 때 더욱 그 효과가 크다는 점에서, 좋은 '터'의 선정은 거의 필수적이라고 할 수도 있을 것이다.

이러한 좋은 터의 선정은 동서양이 다르지 않다. 서양의 경우에도 비록 풍수라는 표현만 쓰지 않았을 뿐이지 동양의 풍수이론으로 서양의 기도터를 충분히 해석할 수 있다. 이 자리에서 조용헌 박사의 그리스 델피신전 관련 글 하나를 인용한다.

역사의 밑바닥에는 신탁(神託)이 깔려 있다. 기원전 5세기 헤로도토스가 쓴 '역사'를 보면 약세였던 그리스 연합군이 강대국 페르시아를 이긴 결정적 전투가 살라미스 해전(海戰)이었다. 아테네가 살라미스에서 페르시아를 이길 것이라는 신탁이 이미 예언되어 있었는데, 이 결정적 점괘를 받은 장소는 바로 델피(Delphi) 신전이었다. 뒤집어 보면 헤로도토스 '역사'의 핵심 주제는 신탁(oracle)이었고, 신탁의 중심에는 델피가 있었다. 기원전 지중해권에서 전쟁이나 국가 대사를 결정하려면 먼저 델피에 가서 물어봐야만 했던 것이다. 델피는 대략 BC 7세기에서 AD 3세기까지 무려 1000년 동안 지중해권 역사의 수레바퀴를 좌우했다고!

해도 과언이 아니다.

신탁의 정확도는 지령(地靈)에 비례하게 마련이다. 어느 정도나 델피 터가 영험하단 말인가? 파르나소스(2200m) 산이 구불구불 뻗어 내려온 자락 중간에 델피 신전은 자리 잡고 있었다. 파르나소스 산은 항상 눈이 많아서 그리스 사람들이 스키를 타는 명소라고 한다. 신전 터의 해발 높이는 700m 정도였다. 이 높이는 고기압과 저기압이 만나는 높이이므로 사람에게 가장 쾌적한 고도이다. 신전 뒤로는 높이 200m, 가로로 약 1km 정도 길이의 바위 절벽이 병풍처럼 둘러쳐져 있다. 이처럼 수직으로 높이 솟은 바위 절벽에 오면 보통 사람은 약간 짓눌리는 듯한 기운을 느낀다. 바위 절벽에서 지기(地氣)가 방사되기 때문이다. 엄청난 터였다.

기도발이 발생하려면 앞산을 주목해야 한다. 앞산이 적당히 터를 막아주어야 하기 때문이다. 약 1000m 높이의 바위산인 헬리콘(Helicon) 산이 앞산(案山·안산)이다. 너무 높지도 않고 낮지도 않은 적당한 높이이다. 헬리콘 산에 대해 현지 가이드에게 물어보니까 뮤즈(Muse·예술의 여신) 9명이 머무르는 산이라는 설명이다. 그렇다면 고대 그리스인들도 안산(앞산)이 발생시키는 묘용(妙用)에 대해서 충분히 알고 있었다는 추론이 가능하다. 한국의 풍수 이론이 그대로 적용되는 것이다. 오른쪽 백호 자락 너머로는 물 빠지는 수구(水口)가 잘 막혀 있고, 그 수구 너머로 바다인 고린도만(灣)이 전개되어 있어서 물도 충분한 명당(明堂)이었다.[21]

이러한 것에 대한 예들은 많다. 필자도 눈을 돌려 세계의 문화유산 도시를 풍수적으로 해석하는 연구를 수행하고 있다. 심지어는 오늘날

---

21) 조용헌, 「조용헌살롱」 933, 델피신전의 神託

뉴욕 맨하튼의 모습도 풍수적 조건에 잘 부합하고 있다.

[그림 30] 뉴욕 맨하튼 지형

맨하튼은 주산이 센트럴파크이며, 좌청룡이 롱아일랜드, 우백호가 뉴저지이다. 그리고 안산이 리버티섬이라고 할 수 있다. 그리고 센트럴파크에서 이어지는 주맥은 6번 애비뉴를 중심으로 내려가고 있다. 실제 현장을 가보면 주산과 청룡, 백호, 그리고 주맥이 전부 암반으로 강하게 뭉쳐있는 것을 확인할 수 있다.[22]

맨하튼 풍수가 더욱 절묘한 것은 바로 안산에 해당하는 리버티섬에

---

[22] 박시익, 『풍수지리로 본 서양 건축과 음악』, 일빛, 2006.

자유의 여신상을 세운 것이다. 이는 마치 남성성기 모양을 갖고 있으면서 실제 陽에 해당하는 맨하튼 주맥과 절묘하게 대비되는 陰의 자유의 여신상인 것이다. 음양이 결합된 것이다. 맨하튼은 자유의 여신상이 세워진 후에 더욱 발전하였다.

[그림 31] 뉴욕 맨하튼의 안산에 세워진 자유의 여신상

이제 결론적으로 다음과 같이 이야기할 수 있을 것이다. 동서양을 막론하고 모든 기도처는 지기가 좋은 곳을 선택하였다. 다만 동양의 경우에는 그것이 풍수라고 하는 이론으로까지 발전한 차이일 뿐이지, 서양의 중요 장소를 풍수논리로 적용하면 잘 드러 맞고 있는 것이다.

두승산 유선사는 풍수적 조건이 뛰어난 좋은 기도처이다. 이것은 한국의 전통적인 산사가 자리잡을 때 모두 유념하는 조건이기도 했다. 특히 두승산 유선사는 청룡이 좋은 기도처로서, 기도와 명상을 봉하면 학문 및 사회활동의 발현이 잘 일어날 수 있는 장소라고 말할 수 있을 것이다.

V. 미소와 풍수

풍수 이야기를 마치면서 하나의 팁을 제시하고자 한다. 동서양을 막론하고 흔히 '스마일'을 이야기한다. 우리 속담에 '웃으면 복이 와요'라는 말이 있는데, 사실 웃음보다는 미소가 적절하다. 활짝 웃으면 좋을 수도 있으나, 심정이 괴로운 사람은 바로 부정적인 표정을 짓는다. 깔깔 웃으면 더욱 그러하다. 그러나 미소를 지으면 어느 누구도 싫어하지 않는다. 미소가 정답인 것이다. 그러므로 모든 성인상의 기본 입 자세는 미소상이다. 부처상이 그러하고 성모 마리아상이 그러하다.

관상과 관련된 경귀에 '입꼬리가 올라 가야 좋다'는 것이 있다. 미소와 관상의 입꼬리를 풍수와 관련지어 보자.

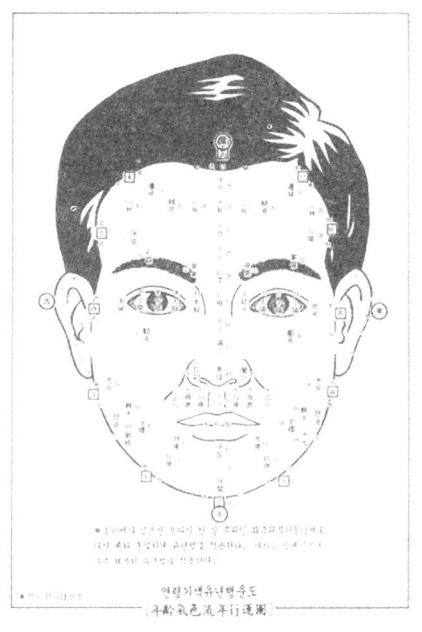
[그림 32] 관상 기본도

[그림 33] 스마일 기본도

관상 용어를 보면 풍수 용어와 아주 밀접한 관련이 있다. 실제 풍수란 산을 관상보는 것과 같기 때문이다. 그리고 조상 무덤의 영향이 후손의 얼굴 모습에 영향을 준다고 보기도 한다. 그렇게 볼 경우 한 사람의 얼굴은 조상 무덤의 축소판이기도 한다.

얼굴을 풍수논리로 보면 이마가 주산이며, 턱이 안산이다. 그리고 왼쪽 볼이 청룡이고 오른쪽 볼이 백호이다. 코가 '터'(집터, 무덤터)에 해당한다. 주산에 해당하는 이마에서 코로 들어오는 길목을 山根이라고 하는데, 이는 산의 근원이라는 뜻으로 주산(이마) 기운이 터(코)로 들어오는 길목에 해당한다. 그만큼 풍수에서도 중요하지만, 관상에서도 매우 중요하게 여기는 곳이다. 흔히 성질을 많이 내면 내천자(川)가 그려지거나 어려움을 겪을 때에 세로 일자로 나타나는 현침문이 나타나는 곳도 이곳이다.

미소 즉 스마일을 하게 되면 자연히 입꼬리가 올라가게 되며, 그렇게 되면 양쪽 볼이 발달된다. 즉 청룡과 백호가 발달하는 것이다. 스마일이 좋다는 것은 얼굴 풍수에 있어서 청룡과 백호가 발달하게 되므로 좋은 것이다.

실제 성공한 사람들을 보면 전부 입꼬리가 올라가 있고, 자주 미소를 짓는 것을 볼 수 있다. 반대로 실패한 사람들의 기본형은 입꼬리가 내려가 있다. 바로 이 점에서 미소 즉 스마일이 좋은 것이다. 우리가 대인관계에서 좋은 인상을 받아야 일들이 잘 풀린다는 것은 상식이다. 바로 스마일이 좋은 이유가 얼굴풍수로도 설명되는 것이다.

그런 점에서 좋은 터는 미소짓고 있는 터이기도 하다. 반대로 좋지 않은 터는 입꼬리가 내려가 화를 내고 있거나 울상짓고 있는 터이다. 기도를 하더라도 미소짓고 있는 곳에서 해야 한다. 왜 기도하는가? 세상을 향해 자신이 미소짓고, 또한 거꾸로 남이 나에게 미소짓게 해

달라는 것이 아닌가? 스마일에 담긴 간단한 이치도 처음에 설명한 '모양론'과 같으며, 거기에는 얼굴풍수라고 하는 심오한 이치도 담겨 있다.

【 참고문헌 】

김기덕,「자생풍수는 학문적 논리가 필요하다」,『우리 학문 어디로 가는가』, 생각의 나무, 2003.
김기덕,「고려시대 개경과 서경의 풍수지리와 천도론」,『한국사연구』 127, 2004.
김두규, 國運風水, 조선일보 2015년 6월 28일자
김영표·임은선·김연준,『한반도 산맥체계 재정립연구: 산줄기 분석을 중심으로』, 국토연구원, 2004.
김일권,「한국인의 윷놀이판 바위그림에 투영된 천체우주론적 관점 고찰」,『한국암각화연구』 제5집, 2004.
김한래·황인혁·김기덕,「산경표를 적용한 알프스산맥 유럽지형 분석과 활용」,『역사민속학』 47, 2015.
나권수,「한국 신종교의 개벽사상에 관한 고찰」,『신종교연구』 제24집, 2011.
박대길,「동학농민혁명의 시작, 고부봉기」,『동방학보』 제25권, 2012.
박시익,『풍수지리로 본 서양 건축과 음악』, 일빛, 2006.
양보경,「조선시대 자연인식체계」,『한국사시민강좌』 14, 일조각, 1994.
이기백,「한국 풍수지리설의 기원」,『한국사시민강좌』 14, 1994.
이우형,『산경표』, 푸른산, 1990; 조석필,『산경표를 위하여』, 산악문화, 1993.
윤천근,『풍수의 철학』, 너름터, 2001.
전북문화재연구원,『井邑 古阜 舊邑城 Ⅰ』, 2007.
조석필,『태백산맥은 없다』, 사람과 산, 1997.
조용헌,「조용헌살롱」 933, 델피신전의 神託
조희룡,「산경표 산맥체계로는 우리나라 지체 구조를 설명할 수 없다」,『한국지형학회지』 10-1, 2003.

조화룡, 「최근 한국 산맥 쟁점들에 대한 토의」, 『대한지리학회 학술대회논문집』, 대한지리학회, 2005.
황영웅, 『풍수원리강론』, 동국비전, 2002.

내가 딛고 선 것이 무엇인가, 유선사

유 대 성 (자유기고가)

발가락이 아팠다. 엄지발톱 때문이었다. 통증은 며칠 전부터 나를 살살 약 올리더니 점점 기세등등하게 위세를 과시하고 있었다. 파고드는 발톱은 살갗을 무섭게 위협하고 있었다.
"여기는 어디에요?"
"글쎄요. 저도 얘기만 들었는데, 아직 등산하기에는 좀 추울까요?"
그녀는 산 위쪽을 바라보았다.
갖춰서 입고 신은 것도 아니었다. 수다를 떨다가 운전대를 잡은 그녀가 방향을 정한 대로 그냥 달려온 길이었으니까.
차에서 내리니 우리가 갈 길은 둘 뿐이었다. 방금 차를 달려 올라온 길, 그리고 아직 가 보지 않은 오르막길. 발걸음은 자연스레 오르막길을 향했다. 아직 가 보지 않았으니까.
차에서 내내 수다를 떨었기 때문에 이야기 거리가 바닥이 난 때문인지 아니면 가파른 경사에 숨이 턱에 차올랐기 때문인지 우리는 자연스레 말을 멈췄다. 그리고 말줄임표처럼 걸음을 길에 찬찬히 놓았다.

거칠게 몰아쉬는 숨이 바람이 되는 것이 아닐까? 코 하나로는 힘에 부쳐 입까지 숨을 쉬는 데에 보탰다. 아니 겨우 숨 쉬는 일이 이렇게 온 힘을 다해야 하는 일이었단 말인가?

잠시 걸음을 멈추어 멀리 바다를 보았다. 바다는 걸으면서는 볼 수가 없었다. 걸을 때는 그저 뿌옇던 것이 멈추어서니 비로소 바다라는 걸 알 수가 있었다. 여기 어디 즈음에 바다가 있었던가?

다시 말줄임표를 놓는다. 몇 번쯤 걸음을 멈추고 다시 말줄임표를 놓는 사이 도착한 곳.

척박한 시멘트가 끝나는 곳에는 보슬보슬한 흙을 기대했었다. 그런데 여전히 시멘트라니… 실망의 눈길을 발 아래서 거둬들였을 때 내 입에서 뿜어져 나오는 탄성을 참을 수가 없었다.

여기는 도대체 어디인가? 발 아래 세상이 있었다. 딛고 선 것이 시멘트인 줄 알았는데 아니구나, 나는 세상을 딛고 우뚝 서 있었다.

하늘과 땅 사이, 그 비현실적인 공간….

그녀는 이곳의 이름이 '유선사'라 했다. '신선이 놀다가 간 곳'이란 뜻인가. 과연 하늘과 땅 사이, 신선 정도나 되어야 드나들 법한 곳이었다.

신선은 누구인가? 땅에서 눈을 들어 대지를 볼 수 있는 자, 그가 신선인가?

다시 숨이 느껴졌다. 숨마다 거대한 멍울이 울컥 울컥 빠져나가는 듯했다. 피와 살 사이, 뼈와 장기 사이마다 맺히고 단단해져버린 무언가가 채 풀어지지도 않고 그대로 뿜어져 나오는 듯했다.

"오길 잘 했죠? 사진으로 봤을 때는 긴가 민가 했는데 잘 왔네. 아, 좋다!"

호탕한 그녀의 목소리가 정적을 깨뜨렸다.

어느 것이 비현실적인가? 이곳의 분위기가? 아니면 그녀의 목소리가?

다시 차에 올라탔을 때 발가락이 아파왔다. 여전히 그곳에 있다는 걸 확인시키듯이 더욱 맹렬하게 조여댔다.

다음날, 드디어 나는 병원에 갔다.

그리고 그날 밤, 나는 내 엄지발톱에서 거대한 회화나무가 자라나는 꿈을 꾸었다. 유선사 뒤뜰에 있던 그 나무였다.

유대성
자유기고가
칼럼리스트
시·수필 다수 작품 활동

두승산 유선사

인쇄 2016년 4월 27일
발행 2016년 5월 2일

지은이 김기덕 · 박경하 · 송화섭 · 조명일 · 조용헌
발행인 서정환
펴낸곳 신아출판사
주소 전북 전주시 완산구 공북 1길 16(태평동 251-30)
전화 (063) 275-4000 · 0484 · 6374
팩스 (063) 274-3131
이메일 shina2347@naver.com   sina321@hanmail.net
출판등록 제465-1984-000004호
인쇄 · 제본 신아출판사

ISBN 979-11-5605-322-4   93090

값 15,000원

이 도서의 국립중앙도서관 출판예정도서목록(CIP)은 서지정보유통지원시스템 홈페이지 (http://seoji.nl.go.kr)와 국가자료공동목록시스템(http://www.nl.go.kr/kolisnet)에서 이용하실 수 있습니다.(CIP제어번호: CIP2016011049)

Printed in KOREA